Phänomen-Verlag

Still betrachten, was geschieht

A. Rahimo Täube

PATANJALI´S PSYCHOLOGISCHE YOGALEHRE

Mit sozialgeschichtlichen Hintergründen und praktischen Übungen

Bibliografische Information Der Deutschen Bibliothek:

Die Deutsche Bibliothek verzeichnet diese Publikation in der Deutschen Nationalbibliografie; detaillierte bibliografische Daten sind im Internet über http://dnb.ddb.de abrufbar.

A. Rahimo Täube
Patanjali´s psychologische Yogalehre
EAN 978-84-123551-5-4

Phänomen-Verlag
Web: www.phaenomen-verlag.de
E-Mail: kontakt@phaenomen-verlag.de

Satz & Gestaltung: Phänomen-Verlag, 2022

Inhalt

Für alle,
die eine Brücke suchen –
zwischen ihrem alltäglichen Dasein,
sonntäglich-spirituellen Höhen
und ihren seelischen Tiefen.

Danksagung

Vor allen anderen danke ich ganz besonders meiner Frau, Brigid: 37 Jahre lang haben wir an einer gemeinsamen Vision gearbeitet, an der Synthese von Yoga und Psychotherapie. Daraus entstand – nach unserem gemeinsamen Buch „Drachenyoga“ – das hier vorliegende Buch, an dem Brigid auch entscheidend mitgewirkt hat. Sie gab mir mit ihrer tief empfundenen und radikal ehrlichen Kritik immer wieder konstruktive Anstöße für grundlegende Änderungen.

So zog sich die Entwicklung dieses Buches über Jahre hin, und Brigid las und lektorierte ausdauernd die verschiedenen Fassungen des Textes, bis wir beide das Gefühl hatten: Jetzt stimmt es! Sie war auch meine seelische Begleiterin und bestärkte mich darin, dieses ausgefallene Projekt mutig durchzuziehen. Dafür bin ich ihr unendlich dankbar.

Besonders danke ich auch den anderen, die meinen Prozess des Schreibens begleitet haben. Sie haben sich in meine Manuskripte vertieft, mir ausführliche und hilfreiche Rückmeldungen gegeben, mich mit manch neuen Ideen inspiriert und mir das gute Gefühl gegeben, auf dem richtigen Weg zu sein:

Diana Keller, Dunja Winkelmann, Felix Winkelmann, Lydia Viol, Prof. Dr. Matthias Grundmann, Ulrike Schriever, Dr. Wolfgang Karpa, Wolfgang Meibohm, Wolf Schneider.

Mein Dank geht auch an die vielen, die mir Anregungen gegeben und mir ihren Eindruck von meinen Texten mitgeteilt haben. Sie haben mich dadurch bestärkt und ermutigt, diese nonkonforme Arbeit beharrlich fortzusetzen:

Aloys Andre, Anne Brüne, Barbara Cioccarelli, Dr. Christian Fuchs, Christina Meibohm, Christine Schattke, Gabriele Kaltenhäuser, Gundula Scheibe, Hans-Ulrich Möhring, Janne Perthen, Jessica Fink, Johanna Voss, Karen Nölle, Marina Rose, Marita Beesten, Marion Schneider, Markus Barnert, Martin Witthöft, Paloma Moncada, Pia Witthöft, Rita Herzenstiel-Cézanne, Werner Gross.

Und ich danke meinem einfühlsamen Designer Menaka Pizzorno, der das Titelblatt gestaltet und geduldig so lange verändert hat, bis alle zufrieden waren.

Schließlich geht mein besonders herzlicher Dank an unseren Verleger, Tom Eichler – für seinen Mut zum Innovativen. Nach dem „Drachenyoga“ bringt er nun auch dieses Buch heraus, das wieder einem völlig neuen, bzw. ursprünglichen, geistig-spirituellen Ansatz folgt. Er begeisterte sich dafür mit dem Kommentar: „Ganz fantastisch, wirklich beeindruckend….“

Die Essenz des Yogasutra

EINFÜHRUNG – ZUGÄNGE ZUR GEDANKENSTILLE

Unsere Sehnsucht nach Ruhe im Kopf

Viele Menschen haben heute ein Bewusstsein oder ein Empfinden dafür, dass sie von ihrem Alltag überfordert sind – und nicht mehr *zu sich kommen.* Dass ihr Kopf zu voll ist und sie ihn mal wieder leeren sollten. Dass ihre Gedankenmühle sie quält, und sie lernen sollten, sie *abzuschalten.* Ideen, Impulse und Angebote dazu gibt es reichlich.

Gegenwärtig sieht es so aus, als würden wir Menschen uns immer häufiger danach sehnen, den seelischen Belastungen in der stressbeladenen Alltagswelt zu entfliehen – und gleichsam in eine *Sonntagswelt* einzutauchen. In einen geschützten, stressfreien Raum, wo wir uns ganz uns selbst widmen, entspannen und wieder zu uns kommen können. Wir brauchen solche heilsamen *heiligen Räume.* Und wir brauchen dringend kleine und größere Auszeiten, *heilige Zeiten.* Sie sind existentiell notwendige Phasen eines gesunden Lebensrhythmus, einer ausgewogenen Balance von Tun und Ruh`n. Von solchen Sonntagswelten erhoffen wir uns vieles:

- Abstand bekommen zum Alltäglichen,
- die Alltagsgedanken hinter uns lassen,
- den Kopf mal wieder frei kriegen,
- in unserem Seelenraum Ruhe und Frieden finden,
- zu uns selbst kommen.

Solche Erwartungen haben nicht nur Yogaübende und spirituell Suchende, sondern viele andere auch. Das Streben nach innerer Ruhe ist ein tiefes, allgemein menschliches Bedürfnis. Sigmund Freud entdeckte sogar einen allgemeinen Ruhetrieb in uns Menschen, das Bedürfnis, sich vor einer traumatisierenden Überflutung durch zu viele Reize zu schützen. Dieses großartige Konzept wurde leider einseitig als „Todestrieb“ interpretiert und hat sich deshalb nicht weiter durchgesetzt.

Aber gerade heute ist dieser Reizschutz wieder aktuell und von allgemeiner gesellschaftlicher Bedeutung:

- Sich der Dominanz der Medien zeitweise entziehen,
- das Leben entschleunigen, Zeit finden für das Heilsame,
- ab und zu innehalten, mal wieder durchatmen,
- im Kopf zur Ruhe kommen,
- den *Geschmack der Gedankenstille* kosten.

Diese Themen gehen uns heute alle an. Deshalb richte ich dieses Buch nicht nur an Yogaleute, sondern an alle spirituellen und aufgeschlossenen Menschen.

Das Yogasutra und seine Entstehung

Im Kopf zur Ruhe kommen, Gedankenstille erfahren und dadurch zu sich selbst finden – das ist auch das zentrale Thema im 2000 Jahre alten *Yogasutra*, wörtlich: Leitfaden des Yoga, dem Yogalehrbuch mit 195 knappen Merksätzen, das ich hier vorstelle.

Als Autor dieses berühmten, großartigen und zugleich einfachen Werkes gilt der altindische Yogameister, Philosoph und Seelenkenner Patánjali. Leider wissen wir von seiner Person so gut wie gar nichts. Man kann nur rekonstruieren, dass er irgendwann zwischen 200 v.u.Z. und 400 n.u.Z. gelebt haben muss. Vielleicht hat er seine Person und seine Urheberschaft nicht so wichtig genommen, was zu seiner Zeit üblich war. Und vermutlich ist er gar nicht der einzige Urheber.

Einige Yoga-Forscher weisen darauf hin, dass das Yoga-Sutra nicht aus einem Guss und vermutlich eine Zusammenstellung verschiedener bedeutender Yogatexte jener Zeit ist. Sie führen dafür plausible philologische Gründe an, die mich überzeugen. Im Text gibt es einige Brüche und verschiedene Textsorten, in denen ein unterschiedlicher Geist weht. Möglicherweise hat Patanjali nur vorhandene Texte aus unterschiedlichen geistigen Richtungen zusammengestellt und fungierte nur als „Chefredakteur" oder „Herausgeber" einer Sammlung verschiedener Yoga-Konzepte. Jedenfalls gilt er als der erste, der die Erfahrungen und

Weisheiten der Yogis systematisch erfasst hat.

Auch wenn nicht alle Textpassagen von Patanjali selbst stammen, so benutze ich – der Einfachheit halber – doch seinen Namen, um einen persönlichen Bezug zum Autor/den Autoren (vermutlich nur Männer) des Yogasutra herzustellen.

Das Yogasutra – ein herausragendes Standardwerk

Im Alten Indien gab es jahrhundertewährende geistige Auseinandersetzungen zwischen der machtvoll herrschenden brahmanischen Priesterkaste und den eher oppositionellen, freigeistigen Yogis, Buddhisten und Jainas. Dabei vertritt Patanjali eine vorwiegend freigeistige Position. In seinem Yogasutra zeigt er eine kritisch-aufgeklärte Haltung gegenüber der brahmanisch-priesterlichen Orthodoxie – und wird dennoch von den Brahmanen anerkannt. Bei ihnen gilt seine Yogalehre als eine der sechs großen „rechtgläubigen", also „orthodoxen" philosophischen Lehren des Hinduismus. Damit gelingt ihm der bewundernswerte geistige Balanceakt, zwischen zwei sehr konträren gesellschaftlichen und ideologischen Positionen eine Brücke zu bauen.

Das Yogasutra enthält 195 knappe Sutras oder Sutren, d.h. Lehrsätze. Sie waren ursprünglich nur so etwas wie Merksätze, die auswendig gelernt wurden. Sie dienten den Schülern als eine Art Stichworte, als Einstieg in die sich anschließenden Kommentare, die der Lehrer an die Schüler mündlich weitergab – angepasst an die jeweilige Situation. Die können wir uns so vorstellen: Der Lehrer lebte zumeist mit seinen Schülern zusammen und erlebte sie in ihrem alltäglichen Dasein. Daraus entstanden sicher auch Situationen, die Anlass gaben zu spirituellen, psychologischen Belehrungen, die sich auf die Situation bezogen. Sie gehörten zum Verständnis der Sutras unbedingt dazu.

Viele bedeutende indische Denker und Gurus schrieben und schreiben Kommentare zum Yogasutra. Deshalb liefere auch ich zu den knappen Sutras ausführliche Kommentare, besonders solche, die sich aus der Reflexion meiner/unserer psychotherapeutischen Yogapraxis ergeben – und sich auf heutige Lebenssituationen beziehen.

Das Yogasutra wurde – und wird heute noch – allgemein wertgeschätzt. Es wird in der Yogatradition als das grundlegende Standardwerk des Yoga weithin anerkannt. Auch in der westlichen Yogaszene, besonders im deutschen Sprachraum, ist es, über zahlreiche neue Übersetzungen und Kommentare, weit verbreitet. Es gilt heute als die theoretische/systematische Grundlage des Yoga überhaupt, auf die sich Yogabegeisterte der verschiedensten Richtungen einhellig berufen.

Viele Lehrende zitieren daraus gerne einige Merksätze, aber es zeigt sich, dass nur wenige diesen Text wirklich kennen, verstehen und anwenden. Das hat vermutlich auch mit den Übersetzungen zu tun. Zumeist wird in ein ungebräuchliches, abgehobenes, sperriges, schwer verständliches und wenig ansprechendes Deutsch übersetzt. Da klingen viele Passagen so, als hätte das ein Computerprogramm gemacht. Deshalb habe ich dieses bedeutsame und wertvolle Werk noch einmal ganz neu übersetzt – mit dem Ziel, es in eine lesbare, verständliche und nachfühlbare Form zu bringen, und es damit weiteren Kreisen von Leser*innen zugänglich zu machen. Denn es liegt mir sehr am Herzen.

Das Yogasutra ist nach 2000 Jahren immer noch – und gerade heute wieder – hochaktuell. Denn es behandelt nicht bloß Yoga, sondern etwas zum Wesen des Menschen Gehörendes, etwas Natürliches und zugleich äußerst Humanes. Etwas, das es geschafft hat, die Zeiten zu überdauern.

Es zeigt dem damaligen Yogi – und auch uns Heutigen – einen Weg, sich von priesterlich-brahmanischer Bevormundung zu lösen und ein mündiger, selbstständig denkender und fühlender Mensch zu werden. Es zeigt einen Weg, zu einer eigenständigen, spirituellen und zugleich vernünftigen Lebenshaltung zu finden. Diese altehrwürdige Yogalehre ist einerseits von der spirituellen Yogatradition geprägt, andererseits aber atmet sie einen für ihre Zeit modernen, geradezu aufgeklärten, tiefenpsychologischen Geist.

Yoga heißt: Mit sich selbst bewusst umgehen

Das Yogasutra behandelt zeitlose, allgemein menschliche und tiefenpsychologische Themen wie: Sich-selbst-wahrnehmen und Sich-selbstergründen. Es richtet sich also nicht nur an Yogaanhänger*innen, sondern an alle Menschen, die offen sind für die antike Idee des *Erkenne Dich selbst!*

Yoga wird bei Patanjali im ursprünglichen, noch sehr weit gefassten Sinn verstanden – als ein bewusster, meditativer und achtsamer Umgang mit sich selbst. Um zu dieser Bewusstheit und Achtsamkeit zu gelangen, ist es zunächst einmal erforderlich, dass unsere Gedanken und Gefühle einigermaßen zur Ruhe kommen. Das gelingt am ehesten im Abstand zur Alltagswelt, in einer irgendwie gearteten Sonntagswelt.

Erfahrungsgemäß kann das vieles sein: eine leere Kirche, ein stiller Tempel, ein lauschiger Platz in der Natur, ein liebevolles mitmenschliches Zusammensein, ein Versunken-sein in kreatives Tun, sogar ein rhythmisch-atembetontes Fitness-Gerätetraining – und natürlich auch ein Yogastudio. In solchen Situationen haben wir die Chance, die Alltagsgedanken ruhen zu lassen, und – in den Zwischenräumen zwischen den Gedanken – den Raum der Gedankenstille zu entdecken. Aus dieser Ruhe heraus können wir uns dann – in Ruhe – selbst wahrnehmen und uns näherkommen. Diesen inneren Raum der Ruhe entstehen zu lassen und zu kultivieren, das ist für Patanjali der Einstieg in den Yoga. Und die Essenz des Yoga. Er definiert sie gleich zu Beginn seines Lehrbuchs:

Hier wird jetzt die Yogalehre vorgestellt: (I/1)

Yoga bedeutet:
Du lässt in Deinem Bewusstsein – ***citta*** **–**
die Gedanken und Gefühle – ***vritti*** **–**
(mal) zur Ruhe kommen – ***nirodhah*****. (I/2)**

Mit diesem hohen Anspruch, mit der Gedankenstille, beginnt der klassische Weg des Yogasutra. Auch der darin beschriebene, berühmte Acht-Stufen-Weg beginnt ganz ähnlich anspruchsvoll: Du setzt Dich in einer aufrechten und angenehmen Körperhaltung hin und kommst durch Atemübungen und Konzentration allmählich zur Ruhe. Dieser direkte Einstieg ins Meditieren – ohne weitere körperliche Vorbereitung – scheint den Yogis vor 2000 Jahren noch gelungen zu sein.

Hathayoga – Bewegung und Bewusstheit im Einklang

Späteren Generationen jedoch genügte das offenbar nicht mehr. Sie brauchten dann – so wie auch heute die meisten von uns – ausgiebige körperliche Vorübungen, um zur Ruhe zu kommen. Deshalb haben sie, etwa ab 1000 u.Z. – als hilfreiche Vorbereitung für den klassischen Yoga – den Hathayoga entwickelt. *Hatha* bedeutet wörtlich: Kraft, Gewalt, Anstrengung, Zwang, Unterdrückung. Die Hathayogis waren besonders strenge, eifrige und oft fanatische Praktiker.

Etwa um 1500 u.Z. entsteht die *Hathayoga-Pradipika*, das bekannte Yogalehrbuch des *Svatmarama*. Er versteht den körperbetonten Übungsweg ausdrücklich nur als Ergänzung für den eigentlichen, den meditativen Yoga. Hathayoga diente ursprünglich dazu, das stille Sitzen und Meditieren vorzubereiten und zu erleichtern. Hathayoga sollte dem *Rajayoga*, dem königlichen Yoga dienen. Die Idee des Hathayoga ist demnach: Körperhaltungen, Bewegungen und Atemübungen sollen uns in einen meditativen Zustand führen.

An diese Idee knüpfen wir in unserer psychotherapeutischen Yogapraxis an: Dabei trennen wir aber nicht, wie es traditionell üblich ist, zwischen vorbereitenden, bewegten Körperübungen und anschließendem stillen Sitzen und Meditieren. Sondern wir gestalten die Körperbewegungen so langsam, achtsam und bewusst, dass wir schon während der Bewegungen allmählich in einen meditativen Zustand gelangen.

Jahrzehntelang experimentierten und erforschten wir, mit welcher Art von Körperübungen wir am ehesten den Kopf frei bekommen. Wir fanden heraus, wie überhaupt das Ineinanderwirken von Körper und Geist im Yoga funktioniert. Die Ergebnisse dieser Arbeit möchte ich nun – thesenartig – in Form einer modellhaften Übungssequenz präsentieren. Die Prozesse, die ich hier schildere, kann man/frau, je nach Vorerfahrung, bereits innerhalb einer gut gelungenen Yogastunde erleben. Es kann aber auch Monate oder Jahre dauern, da hin zu gelangen.

Zu unserem Yoga kommen vor allem Menschen, die sich ihrer Gefühle und inneren Konflikte schon weitgehend bewusst sind: Sie suchen einerseits seelisch-geistige Beruhigung, bringen andererseits aber auch aufgestaute Gefühle mit sich, die sich zeigen wollen. Nach unserer Erfahrung ist es nötig und hilfreich, auf diese psychischen Anliegen einzugehen. Denn wir haben herausgefunden, dass ein *Ent-spannen* am ehesten geschieht, wenn die *in den körperlichen Spannungen verborgenen Gefühle und Bedürfniss*e sich dynamisch ausdrücken dürfen.

Übung: Unser Stufenweg zum *gedankenstillen Selbst*

- **Gestaute Gefühle ausdrücken – Spannungen dynamisch auflösen**

  Innere Unruhe und körperliche Spannungen haben immer eine Bedeutung. Sie brauchen und suchen die Chance, sich zu zeigen und auszudrücken – über Bewegungen, Gesten, Gefühle, Worte. Wenn sie das dürfen, sind Körper und Seele zufriedener. Und der Geist wird ruhiger.

  Deshalb beginnen wir unsere Übungszeiten oft mit einer Rederunde in Bewegung: Wir stehen im Kreis, fassen uns an den Händen, drücken unsere Verbundenheit aus und gehen in rhythmische Bewegungen, z.B. Stapfen mit den Beinen, um uns zu erden und aufzulockern. So werden wir durchlässiger und offener für die Gefühle und Bedürfnisse, die sich zeigen wollen.

  Jede/r bekommt die Gelegenheit, sie anzusprechen. Doch erstmal nur mit einem Wort oder einem Satz, damit wir auf der Körperebene bleiben und nicht zu sehr „in den Kopf gehen". Die derart geäußerten Wünsche greifen wir oft auf und gestalten daraus ein kleines, meist rhythmisches Bewegungs- und Ausdrucksritual, an dem sich alle beteiligen können. Beispielsweise: „Mir ist alles zu viel, ich muss einfach mal Dampf ablassen".

  Es kann eine Weile dauern, bis wir dann zu den ruhigeren Übungen kommen:

- **Sich rhythmisch-tranceartig bewegen**

  Unser Körper braucht und will Bewegung. Zur Ruhe finden wir meist nicht beim „ruhigen Sitzen". Denn dabei sind die Gedanken unser einziges „Ventil" und tanzen besonders viel herum. Zur Ruhe finden wir am ehesten über ruhige, gleichmäßige Bewegungen, die die unruhigen Energien gleichmäßig verteilen. *Denn Ruhe ist gleichmäßig verteilte*

Unruhe – mit anderen Worten: *Energie.*
Wir nötigen uns also nicht zur Ruhe, drängen uns aber auch nicht zu exklusiven yogischen Leistungen, sondern gehen einen Weg der Mitte: Wir bewegen uns meditativ, d.h. langsam, achtsam, atembetont, spürend, genussvoll. Optimal sind beispielsweise rhythmisch-rituelle Pendelbewegungen zwischen zwei oder mehr einfachen Körperhaltungen, die auch symbolische Bedeutungen enthalten:
Wir strecken und öffnen uns zum Himmel und nehmen dankbar etwas in uns auf. Wir verneigen uns zur Erde und laden erleichtert etwas ab. Das geht viele Male im Wechsel, so dass wir dabei in einen tranceähnlichen Zustand geraten, wobei der Geist sich leert – und die Seele sich nährt. Jede/r tut das auf ihre/seine individuelle Weise.

- **Sich bewegen – im Einklang mit dem Atemrhythmus**

Wir behandeln unseren Körper nicht wie ein Objekt, das zu optimieren wäre, sondern wie ein beseeltes, geliebtes Wesen, einen inneren Freund, mit dem wir uns respektvoll bewegen, spielen, tanzen und vor allem atmen – und auf diese Weise einen einfühlsamen Dialog führen.
Wir koordinieren auf natürliche Weise jede Bewegung mit einem Ein- oder Ausatmen – und ziehen dabei den Atem bewusst in die Länge. Dann spüren wir die Kraft des vollen und verbundenen Atmens – *Prana.* Es kommt von der Wurzel *pra*: in die Länge ziehen, füllen.

- **Das natürliche Atmen kultivieren**

Nach dem tiefen Ausatmen warten wir eine Weile, bis im Unterbauch das Einatmen von alleine beginnt. Der Bauchraum füllt sich mit Atemkraft und hebt dabei den Brustraum, der sich dadurch auch füllt und weitet. Das befördert ein körperlich-seelisches Sich-aufrichten. Diese Aufwärtsbewegung geht bis in die Nasenwurzel, den oberen Wendepunkt, wo das Einatmen ins Ausatmen übergeht.
So pendelt das Atmen zwischen den beiden Wendepunkten, Stirnhöhle und Unterbauch – und verbindet beide Bereiche. Hilfreich ist es, wenn die Hände, die eigenen oder die eines Partners/einer Partnerin, dort aufgelegt werden, wo die Atembewegung unterstützt werden

soll. Etwa in dieser Reihenfolge: Bauch, Taille, Lende, Flanken, Brustbein, Schlüsselbeine, Nacken.
Dabei können wir einen faszinierenden Zusammenhang entdecken: In dem Moment, wo wir bewusst langgezogen atmen, können wir keinen Gedanken mehr fassen. Die Atemkraft verscheucht die Gedanken. So bleibt im Kopf nur noch die gedankenfreie Bewusstheit.

- **Den Körper energetisch aufladen – wie einen Magneten**

Wir können auf das Körpergeschehen bewusst so einwirken, dass gestaute Energien und Gefühle ins Fließen kommen. So dass ein Wärmestrom in den Gliedern entsteht, der schließlich alle Körperregionen durchströmt – mit Wohlgefühl. Dann sind wir ganz erfüllt von Lebensenergie – *Prana* – und erleben uns als ein Ganzes. Dieses Erleben ist auch seelisch so beglückend, dass *Prana* von den frühen Yogis zum Gott erhoben wurde.
Mit dem einen Begriff *Prana* wird das Zusammenspiel von zwei unterschiedlichen Prozessen erfasst: Mit der Atemkraft – *prana* – können wir die Energieströme – *prana* – lenken und im Körper gleichmäßig verteilen. So gleichmäßig, dass wir uns als ausgeglichen erleben. In unserem Atem haben wir also ein natürliches Vehikel, das die Verbindung stärkt zwischen Geist und Körper, zwischen Bewusst-sein und Körper-sein.
Mit all diesen Übungen können wir nichtalltägliche, seelisch wohltuende Energieströme in Gang setzen. Dadurch wird unser Körper energetisiert, lebendig und für unser Bewusstsein besonders interessant und attraktiv – anziehend wie ein Magnet. So wird unsere Aufmerksamkeit gleichsam magnetisch zum Körperempfinden hingelenkt, und von den Gedanken abgezogen. Sie ziehen sich zurück – für eine Weile.

- **Körper und Geist wirken aufeinander ein – und werden eins**

Andersherum gesagt: Körpergefühl, Körperempfindungen und das Atmen nehmen im Bewusstsein nun viel mehr Raum ein als gewöhnlich – und vertreiben dadurch die Gedanken.
Durch diese positiven Wechselwirkungen zwischen Geist und Körper

– und das Atmen als Brücke zwischen beiden – entsteht im Kopf immer mehr ein gedankenstiller, friedvoller Freiraum, der sich nach und nach über den ganzen Körper ausbreitet und ein neues Selbst-Gefühl vermittelt. Du erschaffst Dir eine innere Sonntagswelt.

Da kommen Gefühle auf, wie: Ich bin ganz Körper, ich fühle ich ganz, ich fühle mich mit mir im Einklang, mit mir eins. Diese Ganzheit zu erleben, das gilt allgemein als die Erfahrung des Selbst – *atman, purusha, drashta.* Ich nenne es – vorläufig – das gedankenstille Selbst.

Alltägliche Zugänge zum gedankenstillen Selbst

Mir ist es wichtig, zu ergänzen: Solche körperbetonten spirituellen Momente von Ganzheit können wir natürlich am ehesten durch Yoga, Meditation und meditatives Bewegen (Tai Chi, Qi Gong) erleben. Aber nicht nur. Es gibt auch viele andere Zugänge zum *gedankenstillen Selbst:*

Wenn wir z.B. bei handwerklicher oder gärtnerischer Tätigkeit den Körper energetisch gut durchgearbeitet haben und anschließend zufrieden ausruhen, dann ist der Energiestrom vielleicht besonders intensiv und leicht wahrnehmbar. Wenn wir diesem Geschehen Beachtung schenken, kann es uns beglücken. Wir sind dann mehr im Körper und näher *bei uns selbst.*

Ähnlich ist es nach ausdauernder sportlicher Betätigung, besonders in der Natur, z.B. nach langem Schwimmen oder Joggen, nach Radtouren oder Wanderungen, besonders in bergigem Land: Du sitzt dann bequem angelehnt, döst vielleicht in der Sonne und streckst genussvoll die Beine aus. Du bist erschöpft, aber glücklich über das Geschaffte. Du spürst die Lebenssäfte in Dir strömen – und der Kopf ist vielleicht für eine Weile leer.

Ähnliches kennst Du sicher auch vom Tanzen, besonders, wenn Du nach außen nichts darstellen willst und nur für Dich tanzt – in körperverliebter, lustvoller und tranceartiger Bewegung. Dann bist Du vielleicht so in Dich versunken, dass Du *nur noch Körper* bist – ohne Denken, aber mit Bewusstheit.

Ähnliche Momente von Gedankenstille können wir natürlich auch in der Liebe erfahren. Und in der Sexualität, besonders dann, wenn sie – inspiriert von lebensfreundlichem, modernem Tantra – mit Muße,

Respekt und Bewusstheit geschieht. Dann wird unsere Aufmerksamkeit – wie von einem Magneten – nicht nur zur anderen Person hingezogen, sondern auch in die eigene Innenwelt, die Welt des sinnlich-körperlichen Erlebens, wo die Gedanken keinen Platz mehr haben.

Bei all diesen Erfahrungen wird der Körper energetisiert und das Denken macht mal Pause. Jetzt kommt es darauf an, diese Momente nicht ungenutzt verstreichen zu lassen, sondern sie bewusst wahrzunehmen und *zu bewahren* – als ein wertvolles Geschenk. Dann können wir sie als spirituelle Momente bezeichnen: Du bist gedankenstill und einfach präsent – ohne Denken und Machen, ohne Müssen und Wollen – und ohne getrieben zu sein. Du bist ganz b*ei Dir,* mit dem Körper sensitiv verbunden, *mit Dir eins.*

Wenn Du solche spirituellen Momente schon erfahren hast, so einen *Geschmack der Stille,* dann bist Du wahrscheinlich gut vorbereitet, den anspruchsvollen Einstieg in das Yogasutra zu verstehen – und auch nachzufühlen:

DER STILLE BETRACHTER IN UNS – UND DIE BELEBTE SEELISCHE BÜHNE

Yoga heißt: Still betrachten, was geschieht

Die Gedankenstille zu erleben, das ist ein Glücksmoment, eine Wohltat, ein Segen. Aber sind die Seligkeit und das persönliche Glück schon alles? Geht es nicht um mehr? Hat die Gedankenstille nicht auch noch eine umfassendere, tiefere Bedeutung? Worin könnte sie bestehen? Wofür soll es gut sein, die Gedanken zeitweise ruhen zu lassen? Dient das nur meinem eigenen Wohlergehen, oder ist es vielleicht auch ein Segen für mein Zusammenleben mit anderen Menschen? Die Antwort darauf gibt das Yogasutra gleich zu Beginn – mit dem Bild vom *Betrachter*: Er blickt anders auf seine Mitwelt – weniger verstrickt. Das tut allen gut.

1. Hier wird jetzt die Yogalehre vorgestellt

2. Yoga bedeutet:
Du lässt in Deinem Bewusstsein – *citta* **–**
die Gedanken und Gefühle – *vritti* **–**
(mal) zur Ruhe kommen – *nirodhah.*

3. Dann erscheint
(zwischen den Gedanken)
das wahrnehmende Selbst – *drashta***,**
der gedankenstille Betrachter
in seiner ureigenen, natürlichen Gestalt.

4. Normalerweise erscheint der Betrachter nämlich
in der Gestalt von (bestimmten) Gedanken – *vrittis***,**
(die registrieren, einordnen, beurteilen).

Der Sinn der Stille besteht also darin, den stillen, „reinen“ Betrachter, den Beobachter zu entdecken, der normalerweise hinter unserer gedanklichen Betriebsamkeit verborgen liegt. Er kann sich erst zeigen, wenn die unruhigen Gedanken zur Ruhe kommen und ihm Platz machen. Wenn er auftritt und wirksam ist, dann geschieht die alltagsübliche, meist wenig bewusste Wahrnehmung mit deutlich mehr Bewusstheit. Dann verwandelt sich das bloße, eilige und zweckgerichtete Wahrnehmen, das Registrieren und Einordnen, in ein eher zweckfreies Betrachten, für das wir uns ein paar Atemzüge länger Zeit lassen. Dann geht es uns ähnlich wie im Theater: In Muße betrachten wir das, was auf der Bühne geschieht und lassen uns davon berühren und überraschen.

Dieses Bild übertrage ich nun auf unser inneres Geschehen, auf unseren *Seelenraum.* Und nenne ihn unsere *innere Bühne,* wo es unendlich viel zu betrachten gibt. Dieses Bild verhilft uns vielleicht zu einem gewissen Abstand gegenüber dem Getriebe, das in unserem Bühnenraum stattfindet. Wir lehnen uns dann mal zurück und sind nur Zuschauer, Zeugen, Beobachter*innen.

Genau genommen geht es beim Betrachter um das *wahrnehmende Selbst*, also um alle sinnlichen Wahrnehmungen, auch das Hören, Tasten, Fühlen usw.. Ich fasse sie alle unter *Betrachten* zusammen. Denn dieser uns vertraute Sprachgebrauch löst auch vertraute Empfindungen aus. Etwas *betrachten* bedeutet: Sich Zeit nehmen, *Muße* und Ruhe haben, etwas mit allen Sinnen aufnehmen – und auf sich wirken lassen. Das ist erholsam und heilsam – ein Stück Sonntagswelt. Eigentlich ist uns das allen vertraut. Diesen Zustand des reinen Betrachtens erfahren zu haben, das ist für Patanjali die Grundlage, auf der das ganze Yogasutra aufgebaut ist.

Und nicht nur das Yogasutra. Unser gesamtes kulturelles Leben ist auf dieser Grundlage aufgebaut: Die Kunst des Betrachtens ist eine elementare kulturelle Kompetenz, die von uns erwartet wird, wenn wir Kulturgütern aller Art begegnen. Dann benötigen wir die Fähigkeit, uns still und konzentriert in etwas zu versenken – in das Betrachten von Bildern, Filmen, Bühnenstücken, in das Lesen von Büchern, in das Hören von Musik, in das aufmerksame Zuhören in mitmenschlichen Beziehungen und vieles andere. Bei alledem können wir – gleichsam beiläufig – Momente der Gedankenstille erleben. Je mehr wir davon gekostet haben, desto leichter wird es uns fallen, all das noch Folgende zu verstehen. Deshalb will ich hier – ganz explizit – noch zwei Übungen vorstellen, mit denen wir den Betrachter/die Betrachterin in uns entdecken, bewusst machen und stärken können:

Übung: Den inneren Betrachter entdecken

Schaff Dir eine angenehme Situation, in der es etwas Schönes,
Wohltuendes zu betrachten gibt: eine friedliche Landschaft, die
Wolken, ein Tier, oder irgendein Gegenüber, *das nichts von Dir will.*

Erinnere Dich an den eben geschilderten Stufenweg,
an die Körper- und Atemübungen – und wende sie an.
So können Deine Gedanken eher zur Ruhe kommen.

Wenn Du zwischen zwei Gedanken eine Lücke wahrnimmst,
dann „spring" in diesen freien Raum hinein und sorge
mit bewusstem Atmen dafür, dass er frei bleibt.

Stell Dir vor: Du verteidigst diesen gerade entdeckten Raum,
denn er ist kostbar. Er ist heilig. Wenn unerwünschte Gedanken
in ihn eindringen wollen, dann vertreibe sie, atme sie weg.

Oder: Wenn ein Gedanke kommt, dann betrachte ihn,
registriere ihn und lass ihn wieder davonziehen –
so wie eine Wolke weiterzieht.

So werden die Gedanken kommen und gehen –
wie die Wolken am Himmel. Der Betrachter aber bleibt –
vergleichbar mit dem blauen Himmel.

So lässt Du die Gedankenleere möglichst leer sein
und füllst sie nicht gleich mit neuen Gedanken.
Du hältst das „Leer-sein", das „Nichts" eine Weile aus.
Du hältst Dich selber aus – mit dem, was in Dir aufsteigt
oder aufsteigen will: Empfindungen und Gefühle.

Du bleibst einfach mal nur gedankenstiller, *neutraler* Betrachter.
Du betrachtest, was geschieht, ohne es gleich zu benennen

oder zu beurteilen. Du hältst eine gewisse Distanz zu dem,
was Du wahrnimmst – in Dir und um Dich herum.

Solch eine distanzierte innere Haltung wird nicht nur im Yoga angestrebt. Wir brauchen sie auch in vielen alltäglichen Situationen. Das kennen wohl die meisten von uns:

Wenn uns im Alltag mal alles zu viel ist, dann versuchen wir, zu dieser belastenden Situation Abstand zu bekommen. Dann stehen wir vielleicht intuitiv vom Schreibtisch auf, gehen ans Fenster, vor die Tür, an die frische Luft, dehnen und recken uns und atmen mal wieder tief durch. Oder gehen gleich spazieren. So kommen wir auf eine andere Ebene, zu einer anderen Perspektive und vielleicht auch zu neuen Einsichten und Lösungen.

In unseren psychotherapeutischen Yogagruppen hören wir oft: Mir ist alles zu viel. Mir wächst alles über den Kopf. Ich bin in so vieles verwickelt, bin verwirrt und unzufrieden mit mir. Wie komme ich raus aus diesem Chaos?

In solchen Situationen bieten wir keine Lösungen an, aber eine kleine Übung, die den distanzierten Betrachter stärkt, sodass wir mit seiner Hilfe zu eigenen Lösungen finden:

Übung: Den inneren Betrachter stärken

Stell Dir mental vor, was Dich bedrückt und belastet.
Und in was Du verwickelt bist.

Dann stell es optisch-symbolisch dar. Stell es gleichsam vor Dich
hin – mit Hilfe von Symbolen: mit verschiedenen farbigen Tüchern,
Kissen, Figuren, bedeutungsvollen Gegenständen usw.

Das ist jetzt ein Stück Deiner Lebensbühne. Stell Dich mittenrein in
dieses Bühnengeschehen und spüre, wie es auf Dich wirkt.
Lass auch das Unbehagen zu,
die Überforderung, die Verwicklungen.

Dann mach einige ganz bewusste Schritte –
raus aus dem Bühnenraum. Stell Dich auf ein weißes Tuch
oder hülle Dich darin ein. So trittst Du auch innerlich heraus

und bist nun eher Zuschauer*in.

Geh in die Position des wohlwollenden Betrachters,
der Betrachterin. Und schau Dir das Geschehen
aus der Distanz an – zunächst auf der sichtbaren,
äußeren Bühne. Dann auch auf der fühlbaren, inneren Bühne.

Du kannst Dich noch einmal ins Geschehen hineinbegeben –
und wieder heraustreten. Vielleicht einige Male im Wechsel.
So spürst Du sicher deutlicher den Kontrast
zwischen dem Verwickelt-sein und dem Abstand-haben.

Du kannst Dein inneres Chaos mit Abstand betrachten und so eher
eine gewisse Ordnung oder Reihenfolge hineinbringen: Was ist mir
am wichtigsten? Was hat Vorrang? Was tue ich als erstes?
Was ist vielleicht unnötig, so dass ich es loslassen kann?

So kannst Du öfter am Tag aus Deinem alltäglichen Theater heraus-
treten und Dich gleichsam an den Rand der Bühne
begeben – und nur betrachten, was mit Dir geschieht.

Dieses Bild von unserer inneren Bühne habe ich vor vielen Jahren einmal in ein Gedicht gefasst. Da viele Menschen sich davon berühren lassen, möchte ich es (wie schon im „Drachenyoga“) auch hier zitieren. Es ist gut geeignet, eine Meditation zu begleiten, wenn es sehr langsam und mit vielen Atem- und Fühlpausen vorgetragen wird:

Ein friedvoller Blick

Ich sitz bequem, an Muße angelehnt
Und kann beschaulich, lang ersehnt,
Aus der Perspektive Rücken
Leib und Leben neu durchblicken:

Mein inn`res Theater wird langsam still.
Heilsam tönt`s in mir: Ich will

Jetzt mal keine Rolle spielen,
Nur noch freie Bühne fühlen.

So mach` ich den Betrieb mal dicht,
Denn die inn`re Stimme spricht:
Theaterpause – nix zu tun,
Szenen und Figuren ruh`n.

Ohne etwas zu vermissen,
Lehn` ich hinter den Kulissen.
Im Parkett dort treibt`s noch bunt,
Doch ich find` Halt im Hintergrund.

Halt` mich fest am Unfassbaren.
An der Leere, die mich neu erfüllt.
Am Lebensstrom, dem steten, klaren,
der mich still in Gnade hüllt.

Patanjali über die Macht des Unbewussten – *samskaras* und *kleshas*

Dieses stille und friedvolle Betrachten bleibt, wie wir wissen, natürlich nicht ewig still. Irgendwann tauchen mehr oder weniger störende Gedanken auf, und Gefühle steigen aus den inneren Tiefen herauf. Deshalb muss das Bild von der Bühne erweitert werden: Das Theater, in dem wir uns alltäglich erleben, hat bekanntlich nicht nur den Bühnenraum. Um ihn herum gibt es noch viele weitere Räume: Da lagern die alten Kostüme, Requisiten, Bühnenbilder und Texte, die alten Szenen und Figuren, die in unserem Leben mal eine Rolle gespielt haben. Wenn wir diese Rolle unglücklich oder leidvoll gespielt haben, dann müssen wir sie noch einmal einnehmen – und auf gute Weise zu Ende spielen. So drängen die Relikte dieser Rolle auf die Bühne, um uns daran zu erinnern, dass es seelisch noch etwas zu erledigen gibt.

Mit anderen Worten: Auch wenn wir unsere mentale Oberfläche beruhigt haben, so ist doch ein stetiger natürlicher Unruheherd in unserer unbewussten inneren Tiefe am Wirken: Unser Schatten. Alte, uns tief eingeprägte seelische Mechanismen bedrängen uns weiterhin. Diese –

heute allgemein bekannten – tiefenpsychologischen Tatsachen und Einsichten waren Patanjali auch schon vertraut. Er erkennt die Macht und die Bedeutung dieser unbewussten Kräfte, dieser verborgenen Antriebe in uns, und rückt sie ins Zentrum seiner Lehre:

> **… Die andere, die vollständige Stille bedeutet:**
> **Als Folge von beharrlichem Üben**
> **kommen alle seelisch-geistigen Regungen zur Ruhe.**
> **Übrig sind dann nur noch**
> **die uns eingeprägten, verborgenen Antriebe –** *samskaras.*
> **(I/18)**

> **… In diesen Frieden hinein**
> **drängen immer wieder andere,**
> **störende Vorstellungen.**
> **Das bewirken unsere verborgenen Antriebe –** *samskaras.*
> **(IV/27)**

Die Stille wird immer wieder von Gedanken, Empfindungen und Gefühlen unterbrochen, von seelisch-geistigen Regungen, den *vrittis.* Denn solange das Leben in uns pulsiert, entstehen Regungen, die uns *beleben* – oder die Stille stören. Je nachdem, wie wir sie bewerten. Unsere Motivationen können wir als lebensnotwendige *Antriebe* begreifen – oder als Antriebe, die uns auf dem Weg zum N*icht-mehr-getrieben-sein (nirvana)* behindern.

Diese Störungen der Stille entspringen den *Samskaras.* Das ist ein treffender und brauchbarer Begriff. Er kommt von der Sanskrit-Wurzel *kr*: Tun, Machen (vgl. *Karma*, *Kriya*) und bedeutet wörtlich: die inneren Macher. Es sind unsere inneren Antreiber, die verborgenen Antriebe, die frühen seelischen Prägungen, die latent in uns weiterwirken, die unbewussten seelischen Programme, die unser Verhalten weitgehend steuern.

Ebenso starke, zumeist unbewusste Wirkkräfte in uns sind die fünf *Kleshas* (von *klish*: leiden), die elementaren Triebkräfte, die von den Yogis als störend, lästig und leidvoll eingestuft werden:

Die fünf lästigen Triebkräfte – *kleshas* – sind:
Mangelnde Bewusstheit, Ichbezogenheit,
Begehren, Hassen und der Wille zum Leben. (II/3)

Die *Samskaras* und *Kleshas* gelten bei den Yogis allgemein als Störfaktoren. Denn durch ihr Wirken ist es dem Geist unmöglich, dauerhaft Ruhe und Frieden zu finden. Deshalb haben die traditionellen Yogis es sich zum Ziel gesetzt, diese Naturkräfte in sich zu bekämpfen, zu überwinden und zu besiegen. Denn es widerspricht ihrem idealistischen Selbstbild, anzuerkennen, dass sie von unbewussten Mächten gesteuert werden – und nicht von ihrem Willen und ihrer bewussten Geisteskraft.

Sich versenken – in die Macht des Unbewussten – *samyama*

Patanjali lehrt einen anderen Weg, mit diesen Mächten umzugehen:

Ihre Macht anerkennen, sie ernst nehmen

Sich in sie versenken

Sich mit ihnen auseinandersetzen

Wir müssen uns mit ihnen auseinandersetzen. Denn, wenn die Gedanken zur Ruhe gekommen sind – *samadhi*, dann ist noch lange nicht das Endziel erreicht. Dann beginnt erst die eigentliche innere Arbeit, das Sich-versenken – *samyama.*

Samyama ist für Patanjali der eigentliche Kern des Yoga (III/1-7): Wir versenken uns in ein bestimmtes – inneres oder äußeres – Geschehen, aber wir versinken nicht darin. Wir bleiben der bewusste, achtsame Betrachter/die Betrachterin des Geschehens auf unserer inneren Bühne:

Versenke Dich in Deinen Herzraum.
Dann wird Dir Dein seelisches Geschehen bewusst.
(III/34)

Versenke Dich in Deine
unbewussten Antriebe – *samskaras* **–**
und lass sie bewusst werden.
Dann bekommst Du tiefere Einsicht
in Dein bisheriges Leben. (III/18)

Versenke Dich
in die Betrachtung innerer Vorgänge
und Veränderungen.
Das führt Dich zu Einsichten
in Subtiles, Verdrängtes und Abgelegenes. (III/25)

Das Verdrängte ist mächtig, denn es ist unbewusst und als Unbewusstes – zunächst einmal – unzugänglich. Um ihm seine Macht zu nehmen, müssen wir es wieder ins Bewusstsein heben. So verstehe ich Patanjali. Er geht unserem Menschsein und den Kräften, die uns antreiben, auf den Grund. Er will Unbewusstes bewusst machen – ähnlich wie Sigmund Freud und seine Nachfolger.

Beide wollen Verdecktes aufdecken, und beide stoßen dabei auf erhebliche Widerstände. Wir Menschen wehren uns vielfach – wie die traditionellen Yogis – gegen die kränkende Idee, nicht über uns selbst zu bestimmen, sondern von Naturkräften gesteuert zu sein.

Leben im Spannungsfeld von Naturkräften und Geisteskräften – *viveka*

Unser Seelenleben – und das Leben überhaupt – ist weitgehend von Naturkräften und infolgedessen von ständigen Schwankungen bestimmt. Bekanntlich ist alles immer in Bewegung, immer im Fluss – in ständigem Wandel. Das wusste schon Heraklit: „Alles fließt – *panta rhei*". Er war ein Zeitgenosse von Buddha, der die Welt ganz ähnlich sah: Es gibt von Natur aus keinen Stillstand, nichts ewig Gleichbleibendes.

Aber das hätten wir gerne. Wir Menschen sind von Natur aus kulturelle, sozial ausgerichtete Wesen und bemühen uns, mit unserer Geisteskraft etwas Gleichbleibendes, Stabiles, Haltgebendes und Verlässliches hervorzubringen: Götter und Göttinnen, tragende Ordnungen, Gemeinschaften, Bindungen, gültige Regeln und klare Identitäten, die uns Sicherheit und Gewissheit geben sollen – „Das trägt mich, das bin ich, das habe ich zu tun".

So leben wir im Spannungsfeld von Polaritäten, von gegensätzlichen, aber zusammengehörigen Kräften – natürlichen und geistigen. Dieses Spannungsfeld erleben wir natürlich auch im Yoga: Mal ist unser Geist stabil, geordnet, still und von naturalen Impulsen ungestört, dann wieder von unserer inneren Natur bewegt, erregt und betriebsam, was wir vielleicht als Störung empfinden.

Diese beiden unterschiedlichen Phasen/Zustände genau wahrzunehmen und zu unterscheiden, das nennt Patanjali *Viveka.* Das ist einer seiner Zentralbegriffe, der sich wie ein Roter Faden durch das ganze Yogasutra hindurchzieht. *Viveka* bezeichnet das Unterscheiden – zwischen dem bewegten und dem stillen Geist, zwischen dem betriebsamen und dem betrachtenden Dasein:

Der Weg zur Bewusstheit erfordert:
Sei Dir ständig des Unterschieds – *viveka* **– bewusst:**
Jetzt bin ich Betrachter –
jetzt bin ich betriebsam. (II/26)

Wenn Du Yoga praktizierst –
auf allen acht Stufen,
ann verschwinden die Störungen.
Licht und Klarheit erscheinen
in Deinem Seelenraum.
Und Du lernst zu unterscheiden – *viveka*:
zwischen betriebsamem und stillem Dasein. (II/28)

Die beiden Zustände – so erlebe ich es – wechseln einander ständig ab – oft schnell nacheinander. Dauerhafte Stille ist uns zu Lebzeiten nicht gegönnt. Wir sind eingebunden in das Spannungsfeld gegensätzlicher, aber zusammengehöriger Kräfte, in eine Dualität:

Mit dem Begriff *Viveka* erfasst Patanjali diese Dualität, die unser Dasein bestimmt. Er nimmt sie ernst, setzt sich mit ihr auseinander und macht sie zur Grundlage seiner dualen Psychologie und Philosophie. Er fokussiert sich nicht idealistisch auf das große Ziel des Eins-seins, sondern beschreibt sehr realistisch das Spiel der gegensätzlichen Kräfte, die Konflikte und Widerstände, die unser Dasein ausmachen – auch auf dem Yogaweg.

Diese inneren Schwankungen versuche ich im Folgenden etwas zu verlebendigen – angelehnt an eine berühmte Passage aus Goethe`s Faust:

„Zwei Seelen wohnen, ach! in meiner Brust,
die eine will sich von der andern trennen... “

Solche „zwei Seelen“ erlebe auch ich in mir – gleichsam im rhythmischen Schwingen zwischen dem tätigen und dem stillen Selbst. Dementsprechend habe ich Goethe`s Verse umgedichtet:

Zwei Seelen wohnen, ach! in meiner Brust.
Sie schaffen es, sich zu vermählen.
Die eine will, als Mittel gegen Frust,
tröstlich gedankenreich erzählen.
Der andern ist es höchste Lust,
gedankenstill den Körper zu beseelen.

So habe ich mich in einer dualen Lebensform eingerichtet und halte die Dualität für ein angemessenes und stimmiges Denkmodell, mein spirituelles Dasein zu beschreiben.

Die duale Philosophie des Yogasutra

Diese Lehre geht von zwei Erfahrungen aus, von zwei Gewissheiten, zwei Tatsachen, die kaum zu bestreiten sind. Sie sind das Einzige, das wir sicher wissen:

Wir nehmen etwas wahr.

Da ist etwas, das wir wahrnehmen.

Was genau wir wahrnehmen – das ist nicht immer eindeutig. Das, was gerade geschieht, kann jede/r mit anderen Augen sehen, gleichsam mit einer gefärbten Brille. Jede/r hat ihre/seine persönlich gefärbte Wahrnehmung, die aber nicht unbedingt „die Wahrheit“ ist. Deshalb wird über Wahrnehmungen bekanntlich viel gestritten. Nichts ist absolut sicher. Sicher ist nur: Da *ist* etwas, da *geschieht* etwas, und wir nehmen es wahr. Es ist also sinnvoll, skeptisch zu sein gegenüber der eigenen Wahrnehmung – etwa im Sinne von Sokrates: „Ich weiß, dass ich nichts weiß“. Ganz ähnlich würde Patanjali sagen: „Ich weiß nur, dass ich etwas wahrnehme, und dass da etwas geschieht“.

Für diese beiden Gewissheiten benutzt er zwei Begriffe, die aus der *Samkhya*-Lehre stammen. Diese mit dem Yoga eng verbundene duale Lehre gilt als die älteste indische Philosophie und zählt, wie Yoga, zu den sechs Lehren, die von den Brahmanen als „rechtgläubig“ anerkannt werden. Dieser Lehre hat Patanjali die zwei zentralen Begriffe entnommen:

Der *Purusha*, wörtlich: der Mensch, der Mensch an sich. Wenn unsere Gedanken zur Ruhe kommen, was bleibt dann noch von uns? Wir sind dann nur noch empfindsame, wahrnehmende Wesen. So wie auch die Tiere, aber mit Bewusstheit. Dann erleben oder imaginieren wir eine sensitive Instanz in uns, die all das wahrnimmt, was geschieht – in uns und um uns herum. Das ist der *Purusha*. Er gilt als etwas Gleichbleibendes, Beständiges, Ewiges.

Die Prakriti, von der Wurzel *kr*: machen, schaffen, (vgl. *karma*, *kriya*), wörtlich: das Geschaffene, die Schöpfung, das Naturgeschehen, die wirkende, tätige Natur um uns und in uns. Sie besteht aus Wachsen, Werden und Vergehen, aus Entwicklungen und Wandlungen, aus Gegensätzen, Polaritäten, Konflikten und Kämpfen. Wir sind ein Teil von ihr, und sie wirkt bis in unsere inneren Tiefen hinein. Zur *Prakriti* zählt alles, was in der Welt geschieht. Alles, was wir wahrnehmen können. Auch das, was sich in unserer Innenwelt abspielt.

Purusha **und** *Prakriti*, der wahrnehmende Mensch und das Wahrgenommene – diese zwei Begriffe bilden den Kern von Patanjalis dualer Philosophie und Psychologie – und die Leitlinien seiner Yogapraxis.

PATANJALI – VERWANDT MIT DEN WESTLICHEN AUFKLÄRERN

Patanjali`s aufgeklärte Philosophie und Psychologie

Seit etwa 200 Jahren importieren wir eine Fülle von spirituellen, religiösen und esoterischen Lehren von Indien in den Westen. Unter all diesen Weisheitslehren ragt das Yogasutra des Patanjali auf einzigartige Weise heraus. Und auch mir ist es besonders nahe und ich schätze es ganz besonders. Das hat viele Gründe:

Es zeichnet sich aus durch ein – in Indien sonst seltenes – humanistisches, aufgeklärtes, psychologisches Bild vom Menschen. Im Zentrum steht nicht mehr eine Religion, eine Weltanschauung oder eine propagierte, schon traditionell festgelegte „Wahrheit" oder „wahre Wirklichkeit", an die man glauben soll, sondern der Mensch, der seine eigenen Erfahrungen macht. Der Mensch, der mündig und eigenständig die Welt betrachtet, zu seinen eigenen Einsichten und Erkenntnissen kommt – und daran wächst, reift und sich innerlich befreit. Der Mensch, der sich nicht mehr auf Autoritäten und heilige Schriften beruft, sondern auf seine Erfahrung.

Patanjali vertritt im Ansatz das, was wir im Westen eine empirische, aufgeklärte, wissenschaftliche und philosophische Haltung nennen. Diese Botschaft lesen wir in seinen Sutras oder – unausgesprochen – zwischen den Zeilen. Besonders auch in alldem, was er nicht ausdrücklich erwähnt. Seine Lehre lautet etwa so:

> Glaube nicht alles, was Priester Dir erzählen! Lass nicht zu, dass andere Deinen Geist füllen! Lass ihn erst einmal leer und klar werden!
>
> Dann benutze Deinen klaren Verstand und mach Deine eigenen Erfahrungen in der Vielfalt der Welt – *Prakriti*! Vor allem in Deiner Innenwelt.
>
> Versenke Dich in das, was geschieht – *Samyama* – und finde selbst heraus, was wahr und was falsch ist! Ich kann und will Dir keine

„ewigen Wahrheiten“ anbieten.

Denn die Welt ist im beständigen Wandel. Also ist die Suche nach der Wahrheit ein beständiges Bemühen.

Aber ich zeige Dir, wie Du Dein Erkenntnisvermögen entdecken, pflegen und reinigen kannst. Wie Dein Urteilen frei wird von Vorurteilen, von mentalen Trübungen und Färbungen – von *Vrittis* und *Samskaras.*

Das ist allerdings ein langer und mühsamer Weg der Selbsterforschung und Selbstheilung. Du musst in Deinem Seelenraum aufräumen und ihn freiräumen, damit Dein Geist frei wird – und Klarheit und Bewusstheit sich dauerhaft etablieren können.

Ich biete Dir keine Dogmen und Glaubenssätze zum Festhalten, keine festgefügten Gedankengebäude, die Dich in Sicherheit wiegen.

Ich helfe Dir, mit Dir selbst in Einklang zu kommen, in Dir selbst einen festen Halt zu finden und eins zu werden. Aber ich verheiße Dir kein Eins-werden mit dem großen Ganzen, dem göttlichen *Einen.*

Ich verspreche Dir keine Erlösung vom Leiden. Ich beschreibe nur Wege und Methoden, die zu geistiger Klarheit führen.

Dabei (bei dieser Atemübung)
schwindet der Schleier,
der Licht und Klarheit verhüllt. (II/51)

Wenn es Dir gelingt,
Dich richtig zu versenken,
dann strahlt in Dir
das klare Licht der Vernunft. (III/5)

Hier steht im Original *prajna*, was, laut Wörterbuch, sehr viel Verschiedenes bedeutet: „Wissen, Verstehen, Erkennen, Einsicht, Weisheit" u.v.m.. Es wird oft mit „Weisheit" übersetzt, was ich für angemessen halte. Aber auch mit „vollkommenes Wisssen", „Schau des Wissens" oder „Erkenntnisschau", was recht nebelhaft klingt.

Ich übersetze *prajna* an dieser Stelle mit dem schönen deutschen Wort Vernunft. Denn das ist ein möglicher Oberbegriff, der die anderen genannten Begriffe umfasst. Er kommt von *Ver-nehmen*, drückt also eine geistige Offenheit und Weite aus, alles zu *ver-nehmen*, in sich aufzunehmen und zu bedenken, was in einer bestimmten Situation von Bedeutung ist. Die Vernunft ruht – wie ein stiller Betrachter – jenseits des bewegten Verstandes. Sie hat Distanz zu ihm und kann ihn korrigieren, wenn er zu eng, zu einseitig, zu oberflächlich usw. denkt. Sie umfasst nicht nur bestimmte Erkenntnisse, sondern unser Erkenntnisvermögen überhaupt.

Vernunft – dieses Wort wird in der Alltagssprache üblicherweise missbraucht, um die eigene Meinung durchzudrücken, wobei jeder für sich beansprucht, im Besitz der wahren Vernunft zu sein. Es dient auch dazu, andere Menschen, besonders Kinder, zu einer bestimmten, angepassten Denkweise zu bewegen: „Nun sei doch mal vernünftig!"

Ich möchte *Vernunft* wieder im ursprünglichen, philosophischen Sinn verstehen – als einen positiv besetzten Begriff. Als etwas Spirituelles, das aus der Gedankenstille entsteht. Als etwas Lichtvolles, das unseren Geist erhellt, wenn wir uns gründlich in etwas versenken – handwerklich, künstlerisch, wissenschaftlich oder philosophisch. Patanjali empfiehlt für viele Situationen, sich meditativ in sie zu versenken, so dass das klare Licht der Vernunft erscheint. Es soll nicht nur das eigene Innere bescheinen, sondern auch die Welt um uns herum.

Erleuchtung und Aufklärung – das gleiche innere Licht

Patanjali versteht Spirituelles und Vernünftiges nicht als Gegensätze. Im Gegenteil: Er vertritt eine *spirituelle Vernunft*. Sie ist mir und vielen anderen sehr nah. Sie ist – anders als priesterlich dominierte indische Heilslehren – ohne Weiteres anschlussfähig an unsere westliche Denkweise. Patanjalis aufgeklärte, duale Philosophie und Psychologie drücken ein Menschenbild und ein menschliches Selbstverständnis aus, das uns

Westlern seit der Aufklärung im 18. Jhd. weitgehend vertraut und selbstverständlich ist. Da dürfen wir Menschen uns – selbstbewusst und ichbewusst – als vernunftbegabte, erkennende, urteilsfähige und mündige Wesen verstehen. Das nehmen wir modernen Menschen ernst und wichtig. Aber leider oft allzu wichtig. Dann kann sich das Ich, das wir zum Überleben brauchen, zu einem weniger lebensdienlichen Ego aufblähen.

Dieses moderne, aufgeklärte Selbstgefühl haben wir und die Freigeister unter unseren Eltern und Ahn*innen uns in Jahrhunderten erkämpft – im Kampf gegen die Willkür patriarchaler Obrigkeiten. Im Kampf gegen feudale und klerikale Herrschaft, gegen die Übermacht von Staat und Kirche, von Thron und Altar. Ich weiß dieses freie Selbstgefühl – in einem demokratischen Rechtsstaat – sehr zu schätzen und möchte es nicht missen.

Wie ist dieses Selbstgefühl entstanden? Was sind seine Wurzeln? Unsere europäische Sprachgeschichte gibt uns Hinweise: Das englische *enlightenment* bedeutet (wie das französische *illumination*) sowohl Erleuchtung als auch Aufklärung. Der doppeldeutige Begriff zeugt davon, dass beide ursprünglich zusammengehörten, und dass beide gemeinsame kulturgeschichtliche Wurzeln haben. Um das zu bekräftigen, lade ich ein zu einem kurzen Gang durch die Geschichte des abendländischen Geistes.

Die Entdeckung und Bedeutung des inneren Lichts

Das christlich-abendländische Mittelalter war – ganz ähnlich wie Indien 3000 Jahre lang – von einer klaren Weltordnung geprägt, in der Adel und Klerus eindeutig das Sagen hatten. Im Zentrum des Lebens und Denkens stand die Religion – mit dem einen großen Gott. (In Indien das göttliche *Eine*, das *Brahman*, das sich in einer Vielfalt von Göttern und Göttinnen zeigt.) Das kleine menschliche Ich zählte nicht. (Das lehren viele indisch inspirierte spirituelle Lehrer*innen heute noch: Das *Ich* gilt als „Ego", das man überwinden soll.) Die Macht der christlichen Kirche war lange Zeit unangefochten. Ihr allumfassendes Weltbild war für alle verbindlich, unantastbar, unhinterfragt. Es war allgemein verinnerlicht. (In Indien beanspruchen die Priester seit altersher, dass die „gottgegebenen" Veden, ihre heiligen Schriften, „ewige Gültigkeit" haben –

wodurch sie ein eigenständiges, kritisches Philosophieren bis heute massiv behindern.)

Etwa um das Jahr 1100 u.Z. brach in Europa eine neue Epoche an, eine Zeit des Aufbruchs: In den Klöstern entdeckten christliche Mystiker*innen in sich das *innere Licht*. Sie predigten vom *göttlichen Licht*, das in jedem von uns leuchtet. Jeder Einzelne könne – ohne Vermittlung durch Priester – unmittelbar zu Gott finden. Diese ketzerischen Ideen wurden zur *Urflamme* des westlichen *Selbstgefühls*. Auch der geknechtete „gemeine Mann" sollte an diesem göttlichen Licht Anteil haben. Er entdeckte sich als Subjekt, als *Mensch*, der eine *Würde* und *Rechte* hat. Dieses mystische Feuer wirkte über die Klostermauern hinaus und entfachte ein soziales und politisches Feuer: Es ließ Massen von Untertanen aufmüpfig werden.

Die Revolte gegen die machtbesessene Kirche begann etwa um 1100 u.Z. mit den *Katharern* (wörtlich: die Reinen, vgl. *Katharsis*, daraus abgeleitet: *Ketzer*) in Südfrankreich. Sie strebten zurück zu einer reinen, urchristlichen Lebensform ohne Privateigentum und gründeten ihre eigene Kirche. Im 13. Jhd. wurde ihre freigeistige kommunitäre Bewegung in einem päpstlich angeordneten Kreuzzug grausam zerschlagen.

Aber das innere Licht konnte nicht ausgelöscht werden. Um 1500 revoltierten die Bauern, und ihre Aufstände wurden auch niedergeschlagen. Doch das Licht leuchtete weiter – nun in der Gestalt der Aufklärung. Sie führte zur französischen Revolution (1789) und den darauffolgenden weltweiten Demokratie-Bewegungen, denen wir Westler unser heutiges privilegiertes und relativ freies Leben zu verdanken haben.

Spinoza – Das innere Licht der Mystiker wird zum Licht der Aufklärer

Das *innere Licht*, das die Mystiker*innen des Mittelalters entdeckten und verbreiteten, strahlte machtvoll in die Neuzeit hinein und zog weitere Kreise: Es diente nicht nur der *Erleuchtung* der Seele, sondern auch der *Aufklärung* des Geistes. Viele große Geister jener Zeit konnten beides in sich vereinen, was ihre Biografien bezeugen.

Einer von ihnen war Baruch de Spinoza (1632-1677), ein umfassend gebildeter Philosoph. Seine kühne, pantheistische Botschaft – *Gott ist gleich Natur* – (ein in Indien weit verbreiteter Gedanke), galt als unerhörte Ketzerei. So wurde er mit 23 Jahren aus seiner jüdischen Gemeinde verbannt und auch von Katholiken als Ketzer verfolgt. Im Exil, im damals schon liberalen Holland, lebte er vom Schleifen optischer Gläser für Mikroskope und Fernrohre. Es war vermutlich eine beschauliche Arbeit, die ihn zu gründlicher Selbsterforschung führte.

Ich nenne ihn einen *erleuchteten Aufklärer*. In seinem Hauptwerk, der *Ethik*, beschreibt er systematisch einen spirituell-psychotherapeutischen Weg, der mit dem Weg des Yoga einiges gemeinsam hat. Er zeigt, wie wir mit Hilfe unserer Vorstellungen in der Welt unserer Affekte Ordnung schaffen und so zu einem friedlichen und aufgeklärten Geist gelangen können:

> *„Es gibt keine Körpererregung, von der wir nicht einen klaren und deutlichen Begriff bilden können ...*
> *So folgt daraus, daß jeder die Macht hat, sich und seine Affekte, wenn auch nicht absolut, so doch teilweise, klar und deutlich zu erkennen und folglich auch zu bewirken, daß er weniger von ihnen erleide ...*
> *Je mehr wir die Einzeldinge erkennen, umso mehr erkennen wir Gott....“*
> (Ethik, Frankfurt 1972, S. 358 ff.)

Seine Botschaft könnte man etwa so auf den Punkt bringen: Benutze Deinen Verstand – und Du erfährst das Göttliche in Dir! Es ist im Einklang mit der Vernunft. Eine spirituell-religiöse und eine vernunftbetonte innere Haltung müssen sich nicht widersprechen. Sie können einander hilfreich ergänzen. So verstehe ich Spinoza. Und ganz ähnlich verstehe ich auch Patanjali. Diese geistige Verwandtschaft fasziniert mich.

Spinoza schuf eine moderne, aufgeklärte Religiosität. Damit inspirierte er viele große Dichter und Denker, Aufklärer, Klassiker und Romantiker – von Herder und Goethe bis Schopenhauer und Nietzsche.

Spirituelle Erfahrung als Einstieg in die Philosophie

Einige der großen Geister – wie z.B. R. Descartes, J.J. Rousseau und sogar Karl Marx (!) – hatten ein sie prägendes mystisches Erlebnis und beschrieben es. So auch G.W.F. Hegel (1770-1831), einer der bedeutendsten Philosophen und auch Spinoza-Anhänger. In seinem Gedicht heißt es u.a.:

> *„... Was `mein` ich nannte, schwindet.*
> *Ich gebe mich dem Unermeßlichen dahin.*
> *Ich bin in ihm, bin alles, bin nur es...“*
> (J.W. Hauer, Der Yoga, Stuttgart 1958, S. 353)

Hegel forderte sogar, man müsse erst einmal durch diese mystische Erfahrung gegangen sein, bevor man anfängt zu philosophieren. Man müsse erst einmal „Spinozist“ sein:

> *„Die Seele muß sich baden in diesem Äther der einen Substanz, in der alles, was man für wahr gehalten hat, untergegangen ist ...“*
> (Geschichte der Philosophie, Band III, Leipzig 1971, S. 299)

Spinoza wird als der Stammvater der neuzeitlichen Freigeister und Freidenker gepriesen. Diesem Traditionsstrang fühle ich mich sehr verbunden:

Die spirituelle Leuchtkraft des meditierenden und sich erforschenden *Selbst* und die aufgeklärte Leuchtkraft des vernünftig denkenden *Ich* – ich erlebe beide als die gleiche Leuchtkraft, das gleiche innere Licht. Das *Ich*, das die Psychologen hervorheben, und das Selbst, das die spirituellen Lehrer hervorheben – beide entstehen aus dem gleichen inneren Freiraum heraus, dem freigeräumten Seelenraum. Mystiker/Spirituelle wollen ihn von „Unreinheiten“, Störungen und von Gedanken und *Urteilen* überhaupt befreien. Aufgeklärte Denker wollen ihn vor allem von *Vor-Urteilen* befreien:

> *Mach Dich frei von Vorurteilen, von vorschnellen und unüberlegten Urteilen.*
> *Frei von den tief in Dir verankerten unbewussten Glaubenssätzen.*
> *Nimm Dir Zeit, Dich selbst zu hinterfragen und zu ergründen!*
> *Räum auf in Deinem Seelenraum,*
> *damit Dein Kopf frei und klar denken kann.*
> *Bediene Dich Deines Verstandes und wage es, selbst zu denken!*

PATANJALI UND SEINE RELIGIÖSEN GEGENSPIELER

Spirituelle Gegner der Aufklärung

Nun sind mir natürlich auch die Schattenseiten und die Zwiespältigkeit dieser westlichen Aufklärung bewusst. Sie hatte nicht nur an der rasanten Entwicklung nützlicher Wissenschaften ihren Anteil, sondern auch an Erfindungen, wie z. B. Fernrohr, Globus und Kompass, die mithalfen, das Zeitalter der Seefahrt, der Entdeckungen und Eroberungen, des Kolonialismus und der Erdzerstörung zu begründen. So haben die Aufklärung und der Fortschritt der Moderne nicht nur Humanes und Konstruktives, sondern auch Inhumanes, Destruktives und Katastrophales hervorgebracht.

Diese destruktive Seite der Aufklärung nehmen gegenwärtig zahlreiche indisch-inspirierte spirituelle Lehrer*innen zum Anlass, die Grundgedanken der Aufklärung gleich in Bausch und Bogen zu verwerfen. Sie errichten eine Rangordnung zwischen der „niederen bloßen Verstandeswelt" und der „höheren" Welt „jenseits des Verstandes". Sie erklären das „bloß Intellektuelle" und „bloß Rationale" für minderwertig und das Spirituelle für höherwertig. Auch das individuelle Ich, das wir brauchen, um unser Alltagsleben zu bewältigen, wird häufig als „Ego" diffamiert und als „nicht-existent" oder als „Illusion" abgetan.

Diese Abwertung des Ich und des menschlichen Verstandes haben in Indien eine lange Tradition und einen brisanten politisch-religiösen Hintergrund: Die herrschenden Kasten, der Adel und die Priesterschaft, die Brahmanen, erschufen eine spirituell-religiöse Lehre, die *Brahman-Lehre,* um die „ewige göttliche Ordnung", d, h, die Kastenordnung, zu festigen und zu verteidigen – und Widerspruch und Widerstand gegen sie nicht aufkommen zu lassen. Das bedeutet: Die religiöse Ordnung bestimmt alles. Das „kleine menschliche Ich" und seine „begrenzte Vernunft" zählen nicht.

Diese *Brahman-Lehre*, die *Vedanta*-Lehre von der *All-Einheit*, war die bedeutendste Strömung der indischen Philosophie – und ist es heute noch, auch im Westen. Sie lehrt vor allem *A-dvaita*, wörtlich: die Nicht-Zweiheit, also die *Non-Dualität.* Sie propagiert und beschwört das große Eins-sein, in dem es – theoretisch oder „letztlich" – keine Gegensätze und keine Widersprüche mehr gibt. Das ist heute eine sehr beliebte Weltsicht, die gerne auf die populäre Formel verkürzt wird: Alles ist eins.

Die populäre Lehre von der All-Einheit

Diese Lehre hat in yogischen und spirituellen, aber auch in ökologischen Milieus viele Anhänger*innen. Wobei nur die wenigsten etwas über ihre Hintergründe wissen. Sie nehmen jedoch den positiven Kern dieser Lehre gerne auf, variieren ihn und verstehen ihn häufig etwa in dieser Form – in einigen wohltuenden Kernsätzen:

> Alles ist mit allem verbunden
> Im Grunde ist alles eins.
> Auch Du bist mit allem verbunden.
> Du bist auf dieser Welt nicht getrennt.
> Du bist gut aufgehoben
> in einer großen, universalen Verbundenheit.

Warum werden diese Ideen gegenwärtig so positiv aufgenommen? Ich meine, das hat vor allem zwei Gründe.

Erstens: Die christliche Religion, die uns jahrhundertelang miteinander verbunden hat – über den *einen* Gott und den *einen* Glauben, ist am Zusammenschrumpfen und hinterlässt ein großes religiös-spirituelles Vakuum. Wir Menschen haben anscheinend das große Bedürfnis, diese Lücke schnell wieder zu füllen. Das bestätigt eine Studie über „Spiritualität in Deutschland" von 2006. (In: Wozu Gott? Frankfurt 2009, S. 89 ff.) Sie hat ergeben, dass nur noch etwa 10% der Deutschen sich als kirchengebunden verstehen. Und etwa 50% sind als religiös-spirituell Suchende zu bezeichnen, die auf kreative Weise neue heilsame Wege ausprobieren, wobei sie viele Elemente von indischen Religionen übernehmen, allen voran die Vedanta-Lehre von der *universalen Verbundenheit.* In ihrem Zentrum steht das alles Verbindende *göttliche Eine,* das *Brahman.* Es ist kein Gott, aber das Göttliche, das die Welt durchdringt und trägt.

Diese Vision passt gut zu denen von uns, die keine neue Religion wollen, aber einen undogmatischen, religiös neutralen, spirituellen Weg suchen.

Zweitens: Wir Menschen brauchen Gemeinschaften, die uns tragen. Wir haben gegenwärtig eine große Sehnsucht, mit anderen Menschen harmonisch verbunden, gleichzeitig aber auch frei zu sein. Das liegt sicher auch an unserer modernen gesellschaftlichen Lebensform. Daran, dass wir als Individuen zunehmend vereinzeln, dass unsere sozialen Bindungen bröckeln und uns nicht mehr ausreichend Halt und Sicherheit bieten. Anscheinend suchen viele Menschen, um diesen Verlust in der irdischen Sphäre auszugleichen, nach neuen Bindungen in der kosmischen Sphäre. Auch ist die moderne, durchrationalisierte, nüchterne Alltagswelt dermaßen entzaubert, dass wir uns gerne mal wieder verzaubern lassen – und dabei auch bereit sind, unser Ich ein Stück weit aufzugeben.

Die Vedanta-Lehre von der All-Einheit bietet nicht nur die Idee der Verbundenheit, sondern verwirklicht sie auch ein Stück weit. Sie stellt nicht nur etwas vor, sondern stellt auch etwas her: Sie kann Gefühle der Verbundenheit und des *Eins-seins* erzeugen. Das erhebende Gefühl, mit etwas Universalem, Mächtigen im Bunde zu sein, in der Welt gut aufgehoben zu sein und der „Existenz" vertrauen zu können. Das kann unserem Dasein Kraft und Zuversicht geben, Hoffnung wecken und über manches Leid hinweghelfen. So wirkt diese Lehre positiv, erbaulich und heilsam auf ihre Anhänger*innen.

Verbunden-sein und Eins-sein

Bei spirituellem Erleben, welcher Art auch immer, lassen wir gerne unser nüchternes Alltagsbewusstsein hinter uns und lassen uns magisch hineinziehen in eine andere Welt, wo sich unser gewohntes Ich für eine Weile auflösen kann. Wir geben uns hin und sind vorübergehend ein anderer Mensch. Alle Anstrengung fällt von uns ab. Wir verschmelzen mit Etwas, das größer und mächtiger ist als wir selbst. Wir lassen zu, dass es Macht über uns bekommt. Das kann uns das Gefühl geben, mit allen Menschen, mit aller Welt verbunden zu sein. Sogar dauerhaft. So erleben es heutzutage viele. Das erscheint mir ein stimmiges Bild zu sein.

Aber manche erheben auch den Anspruch, mit allem eins zu sein, sogar dauerhaft. Ich meine, das ist uns nicht gegönnt. Nach jedem Einheits-Erleben müssen wir wieder in die Trennung gehen, in die alltägliche Dualität. Deshalb halte ich es für wichtig, *Verbunden-sein* und *Eins-sein* zu unterscheiden – auf der Ebene des sinnlichen Erlebens:

Übung – Das Gefühl von Verbunden-sein

Stell Dir vor – oder tu es leibhaftig: Du verweilst an einem Platz,
der für Dich ein Kraftplatz ist. Du lehnst bequem an einem
alt-ehrwürdigen Baum, schließt die Augen und lässt das *betrachtende*
Selbst in Dir wachsen. Und lässt die Energieströme aufwärts steigen
und Dich mit *Prana* füllen.

So lange, bis Du das Empfinden hast: Ich bin ganz voll,
bin nur noch gedankenstille, strömende Energie.
So fühlst Du Geist und Körper eng verbunden
oder gar verschmolzen. Du fühlst Dich ganz *eins mit Dir*.

Nun stell Dir vor: Ähnlich wie bei Dir, so steigen und strömen auch
im Baum die Lebenssäfte aufwärts. Die Energie des Baumes gibt
Dir Kraft und Ruhe.
Du fühlst Dich immer mehr mit dem Baum *verbunden*.
Aber bist Du auch mit ihm verschmolzen?
Bist Du auch *eins mit dem Baum*?

Du bist gedankenstill durchströmt von Lebensenergie,
die nichts will. Sie *geschieht* einfach. In Dir und im Baum.
Er ist *einfach da*, und Du bist einfach da.

Dieses *Einfach-Dasein* habt Ihr in diesem Moment gemeinsam.
Ein seltener Glücksmoment. Die Euphorie über die
Gemeinsamkeit verleitet häufig zu der Formulierung: *Wir sind eins*.

Deshalb plädiere ich dafür, Verbunden-sein und Eins-sein
zu unterscheiden und stimmigere Worte zu finden:
Du bist zwar eng mit dem Baum *verbunden*, aber Ihr seid nicht eins.
Der Baum bleibt der Baum, und Du bleibst Du.
Er muss stehenbleiben, und Du kannst Dich wegbewegen.

Dann seid Ihr wieder getrennt – wie vorher.

Die Vorstellung „Ich bin eins mit…" wird gerne immer weiter ausgedehnt: „Ich bin eins mit dem Wald, eins mit der Natur, eins mit dem Universum, eins mit Gott". So heben manche auf fragwürdige Weise in transzendente Sphären ab.

Das Erleben dieser besonderen Zustände ist etwas Wunderbares. Aber das anschließende Reden darüber hat seine Tücken. Da werden gerne großartige Worte verwendet, mit denen man sich auch großartig fühlen und großartig inszenieren kann. Das wirft die ganz zentrale Frage auf: Wie kommen wir von der Ebene des sinnlich-sprachlosen Erlebens auf die ganz andere Ebene der Worte, der sprachlichen Verständigung?

Vom sinnlichen Eindruck zum sprachlichen Ausdruck

Mit diesem spirituellen Thema hat sich auch Jürgen Habermas (Jg.1929), der große Philosoph der Kommunikation befasst – in seinem Büchlein *Vom sinnlichen Eindruck zum symbolischen Ausdruck*, 1997, S. 74):

> *„Was sich der Sehkraft des nach innen gerichteten Auges erschließt, die mystische Vision, entzieht sich aber dem Wort, dem Medium der Überlieferung. Die Natur der mystischen Wahrheit ist paradox: `Sie kann erkannt, aber nicht überliefert werden, und gerade das an ihr, was überlieferbar wird, enthält sie nicht mehr`(Zitat)".*

Diese Erkenntnis wird von den meisten geteilt. Sie sagen: „Das kann man nicht beschreiben, das muss man erleben!". Und dennoch „beschreiben" spirituelle Geister das „Unbeschreibliche" in tausenden von ausführlichen spirituellen Schriften, ohne die Problematik dieser Paradoxie zu berücksichtigen. Und ohne die Bedeutung der Sprache für den Prozess des Erkennens zu bedenken.

Anders die gegenwärtige westliche Philosophie. Sie ist weitgehend auch Sprachphilosophie: Sie wurde von dem Philosophen Ludwig Wittgenstein (1889-1951) angestoßen und von J. Habermas gleichsam vollendet. Sie ist sich sehr bewusst, wie grundsätzlich unser Erkennen von der Struktur und der Logik der Sprache bestimmt ist. Und auch von unserem Sprachverhalten. Deshalb müssen wir immer auch unsere „Sprechakte“ reflektieren, noch besser: Unsere Worte, besonders die großartigen, fragend *meditieren*, sie „auf der Zunge zergehen lassen“, bevor wir sie aussprechen.

Das Erleben von *wirklichem* Eins-sein beruht – unserer Erfahrung nach – auf dem Eins-sein mit dem Körperempfinden, wobei wir meditativ ganz in die Sphäre des Körperlich-Sinnlichen eintauchen – wenn auch nur vorübergehend. Danach gehen wir den entscheidenden, aber von den wenigsten reflektierten Schritt von der sprachlosen, intimen Welt der sinnlichen Eindrücke in die ganz andere, kollektive Welt des sprachlichen *Ausdrucks*. Bei diesem Übergang – aus der Wortlosigkeit in die Welt der Worte – folgen wir gewöhnlich bestimmten, verinnerlichten Sprachmustern, üblichen Jargons, die wir von anderen übernommen haben – von unseren jeweiligen Milieus, Peergroups, Sekten, Seminaren, Lehrern, Gurus und Büchern.

Buddha hat einmal genial die Tücken dieses Übergangs erkannt und hat sie geschickt umgangen. Als ihm jemand eine Frage stellt über etwas Transzendentes, über das man nichts Sicheres aussagen kann, präsentiert er dem Fragenden nur eine Rose – und schweigt.

Es geht also darum, klar zu unterscheiden: Was habe ich erlebt? Welche Vorstellungen und Bilder mache ich mir davon? Und gibt es dafür treffende und stimmige Worte?

Über diese Fragen hat sich auch Patanjali differenzierende Gedanken gemacht, allerdings mit einem hohen Ziel, das gar nicht dazu zu passen scheint:

Wenn wir Worte, Vorstellungen
und Dinge/Geschehnisse
falsch aufeinander beziehen,
dann entsteht Verwirrung.
Wenn wir uns hinein versenken,
die drei genau zu unterscheiden,
dann verstehen wir die Sprache aller Lebewesen. (III/17)

Wir brauchen ein starkes Ich

Die Vedanta-Lehre hat die geschilderte, populäre und religionsgeschichtlich bedeutsame Sonnenseite: die Lehre von der Verbundenheit. Sie hat aber auch eine gravierende Schattenseite: Die erwähnte ablehnende Haltung gegenüber dem menschlichen Ich. Denn die Vision der universalen Harmonie ist auch mit dem Dogma verbunden, alle Gegensätze und Konflikte, also alle *Dualitäten* seien „in Wirklichkeit" gar nicht existent. Es gebe nur das große Eine, das göttliche *Brahman*. Das bedeutet, dass es außer diesem Einen kein Zweites, Abweichendes, Kontroverses geben darf. Vor allem kein eigenständig denkendes und widersprechendes, kritisches Individuum. Solch ein erwachtes, mündiges Ich ist im traditionellen Indien gesellschaftlich unerwünscht.

Was hat es mit dem vieldiskutierten Begriffen *Ich, Ego* und *Selbst* auf sich? Die Antwort gibt unsere Kindheit: Das Ich erwacht bei uns etwa im dritten Lebensjahr, in der sogenannten „Trotzphase". Das Kind entdeckt sein *Ich will* und sein *Ich will nicht* – also die Fähigkeit zu widersprechen, sich abzugrenzen und sich als eigenständige Person zu erleben. So gerät es in einen Widerspruch zur Welt, gerät in die widerspruchsvolle Welt, in die Dualität. Es lernt, sein Ich will auszubilden und seine Anlagen zu entwickeln, um den Dualitäten dieser Welt gewachsen zu sein.

So ist unser Ich immer an die Dualität gekoppelt. Und die sei, so reden viele spirituelle Lehrer*innen., ein Hindernis auf dem spirituellen Weg. Deshalb müsse man, um die Dualität zu überwinden, sein Ich und sein Wollen aufgeben, Das sei die „Befreiung", das „Erwachen", die „Verwirklichung".

Diese oft gehörte Aufforderung halte ich für sehr fragwürdig. Unsere therapeutische Praxis zeigt uns, dass die meisten Menschen, die zu uns kommen, ohnehin schon an einem zu schwachen Ich leiden, etwa an mangelndem Selbstwertgefühl. Manche derart Geschwächte strebten, von Gurus gedrängt, mit spirituellem Ehrgeiz nach der hinduistischen „Ichlosigkeit" und gerieten dadurch in schwerste seelische Krisen.

Für ein menschenwürdiges Leben brauchen wir kein Ego, aber unser individuelles Ich. Eine Stärkung des Ich hilft uns, das Leben besser zu bestehen. Unser Ich befähigt uns vor allem zu viererlei: zum Unterscheiden und Entscheiden, zum Wollen und Handeln.: Wer und was tut mir gut? Wer und was ist mir wichtig und was nicht? Was will ich angehen und was vermeide ich lieber? Für diese Fragen brauchen wir unsere Urteilskraft, unsere – von manchen verpönte – Fähigkeit zum Urteilen und Bewerten. Besonders auch in der folgenden Gegenüberstellung zweier Heilswege: Welcher ist mir näher? Welchen möchte ich wählen?

Patanjali und die Vedanta-Lehre – eine Gegenüberstellung

Das Yogasutra und die Vedanta-Lehre stehen sich kontrastreich gegenüber. Unterschiedlich ist vor allem die Art und Weise, wie die beiden den Übergang vom sprachlosen Erleben zur sprachlichen Überlieferung gestalten. Dazu möchte ich nun ins Detail gehen und einige wesentliche Unterschiede herausarbeiten:

Bei diesem Übergang von der sinnlichen auf die begriffliche Ebene haben sich die *Brahmanen*, die Begründer der Vedanta-Lehre besonders viele Freiheiten herausgenommen, gestützt auf ihr Zauberwort *Brahman.*

> Patanjali will Menschen nicht zu irgendeinem Glauben bekehren und erlaubt sich solche spekulativen Höhenflüge nicht. Er ist eher bescheiden, schaut genauer hin und beschreibt das spirituelle Geschehen redlicher. Seine Formulierungen sind zumeist präzise, konkret und überprüfbar.

Die Brahmanen belegen das *gedankenstille Selbst* mit großartigen Formulierungen. Auf die Gedankenleere setzen sie grandiose, nicht überprüfbare Gedankengebäude, die beanspruchen, die Welt zu erklären – in einer meta-physischen, *religiösen Sprache.*

> Patanjali hingegen spricht eine bodenständige, *psychologische* Sprache. Er verzichtet auf solche Welterklärungen und lässt die Gedankenleere leer sein. Er belegt das Erleben der Stille eher mit nüchtern-sachlichen und treffenden Formulierungen.

Die Brahmanen verbreiten eine gut gemeinte, Erlösung verheißende, priesterliche Vision. Sie nehmen eine erhabene, gleichsam *göttliche* Position ein, in der sie sich über die Menschen erheben. Von da aus verkünden sie, wie der Mensch und die Welt „eigentlich“ und „in Wirklichkeit“ sind. Diese Position ist *idealistisch* zu nennen. Sie orientiert sich an überlieferten Ideen, Deutungen und Wertungen.

Patanjali hingegen vertritt eine realistische Position. Sie orientiert sich an der wahrgenommenen, erlebten Realität, an unserem *common sense,* dem „gemeinen Menschenverstand". Sie fokussiert die Welt aus *menschlicher* Perspektive. Ihr Ansatz ist empirisch: Was geschieht denn da konkret? Was kann ich *wirklich* wahrnehmen – ohne voreilig zu deuten?

Patanjali nennt das gedankenstille Selbst – zurückhaltend und bedacht – nur das (bereinigte) *wahrnehmende Selbst.* Es ist die wichtige psychologische Voraussetzung, um dann etwas objektiver zu erkennen, was wahr und was falsch ist.

Im Vedanta hingegen wird das stille Selbst bereits als das „*wahre Selbst*" bezeichnet, als das „*höchste Selbst*", als die „*wahre Wirklichkeit*", als die „*höchste Wahrheit*" und dergleichen mehr. – Dazu meine Bedenken: Die Brahmanen erheben den maßlosen Anspruch, sozusagen die Wahrheit gepachtet zu haben. Wenn sie behaupten, unser stilles Selbst sei das „einzig wahre Selbst", dann halten sie uns doch logischerweise vor:

> „Dein reges und betriebsames Selbst ist unwahr, verkehrt und minderwertig. Du bist nicht in Ordnung, so wie Du bist!"

In der Tat, sie betrachten und beurteilen unser reales, biografisch gewordenes Selbst, unser alltäglich-tätiges Ich von einer „*höheren*" Warte aus. Aus dieser anmaßenden Position heraus werten sie es verächtlich ab – als „unwirklich" und „nur eine „Illusion" (*Maya*). Das „*wahre Selbst*" dagegen werten sie auf zum „einzig Wirklichen".

Patanjali enthält sich solcher abfälligen Urteile über uns und nimmt auch unser reales, gewöhnliches, alltägliches Selbst, bzw. unser Ich, ernst und gibt ihm viel Beachtung, Zuwendung und viel Raum. Er zeigt uns den Weg, unsere inneren Antriebe – da gibt es hinderliche und hilfreiche – gründlich zu erforschen und unser persönliches Ich mit seinen unterschiedlichen Anteilen zu verstehen. Dann kann es sich läutern und durch Einsicht verwandeln. Am Ende dieses

> langen und mühsamen psychotherapeutischen Weges lockt dann das Ziel, innerlich völlig frei zu sein – kaivalya. Hier wird also das, was von anderen das „Ego“ genannt wird, in sehr differenzierter Selbstwahrnehmung transformiert.

Im Vedanta wird diese langwierige, aufwändige, ins Einzelne gehende innere Seelenarbeit nicht einmal angesprochen. Man glaubt, diesen anstrengenden Weg abkürzen und überspringen zu können. Vielmehr solle man das „Ego“ pauschal „loslassen, auflösen“. Oder „ignorieren, verleugnen und verbrennen“ (Ramana Maharshi). Man glaubt, das große spirituelle Ziel einfacher erreichen zu können, z.B. durch den Glauben und die Hingabe an Krishna (Bhagavadgita, XII/2-6). gelehrt wird auch: „Du bist schon am Ziel, Du musst es nur noch erkennen…“

Fazit: Die Vedanta-Lehre bietet uns eine tröstlich-erbauliche Vision von der Welt – im Sinne des positiven Denkens. Auf die meisten großen Fragen, z.B. auf die Frage: *Wer bin ich*? hat sie schon traditionsträchtige, fertige Antworten bereit – mit dem Anspruch auf allgemeine Gültigkeit (wie bei Ramana Maharshi). Im Zentrum steht nicht das *Ergründen* des Individuellen, sondern das *Verkünden des Universalen*. Auch wenn diese Lehre im philosophischen Gewand auftritt, so ist sie doch eher als eine *Religion* zu bezeichnen.

> Patanjali`s Lehre erweist sich als *Philosophie* und *Psychologie*. Denn in ihrem Zentrum steht eher das Fragen, der Ausgangspunkt jeder ernsthaften Philosophie. Sie will uns keine positiven, vorgefertigten Antworten verkünden. Auf die Frage *Wer bin ich*? gibt sie keine pauschale Antwort. Sie fordert uns vielmehr auf, genau hinzuschauen, uns selbst detailliert zu ergründen: *Was bewegt mich*? *Was treibt mich an?* Wie gestaltet sich bei mir das Verhältnis von stillem und bewegtem Selbst – *viveka*?

Wie Vedanta unser Denken beeinflusst

Die Vedanta-Lehre ist seit etwa 2800 Jahren die vorherrschende indische Geistesströmung und bildet die Grundlage und den Kern des Hinduismus. Sie dominiert und durchdringt nicht nur die indische Kultur und den indischen Geist, sondern auch weithin den Geist der gegenwärtigen spirituellen Szene im Westen.

So musste ich leider erfahren, dass in meinem Umfeld etliche, sogar sehr belesene und spirituell gebildete Menschen, nur das non-duale Konzept des Vedanta kannten, und keine Antenne hatten für duale spirituelle Konzepte wie das Yogasutra. So etwas kam ihnen nicht in den Sinn. Für sie bedeuteten Spiritualität und Mystik immer nur das *Einswerden* mit irgendetwas *Umfassenden* – mit Gott, Brahman, Kosmos. Das erschien ihnen als die „wahre Mystik". Manchmal hörte ich sogar, Patanjalis Konzept sei „noch der Dualität verhaftet" und deshalb keine vollkommene Mystik.

Die Lektüre meines Buch-Manuskripts verhalf manchen von ihnen dann aber zu der Einsicht, dass ihr spirituelles Bewusstsein bisher weitgehend von Vedanta vereinnahmt und geprägt worden war. Und dass es dazu auch überzeugende kritische Alternativen gibt, wie z.B. das Yogasutra.

Leider musste ich auch feststellen, dass Vedanta sogar die Gedankengebäude der meisten Interpreten des Yogasutra beeinflusst oder beherrscht, z.B. Swami Vivekananda, B.K.S Iyengar und sogar Bhagwan-Osho. In ihren Kommentaren offenbaren sie, dass sie innerlich dem Geist des Vedanta mehr verbunden sind als dem des Patanjali. Vermutlich deshalb gelingt es ihnen kaum, die grundlegenden Eigenheiten und Besonderheiten, mit denen sich Patanjali von Vedanta unterscheidet, klar herauszuarbeiten. Die Grenzen, Konturen und Profile beider Lehren sind verwischt, verschwommen und kaum zu erkennen.

Unvorbereitete und unbefangene Leser*innen können bei dieser Vermischung der Inhalte nur schwer unterscheiden: Welche Gedanken stammen originär von Patanjali selbst, und welche stammen vom vedantischen Geist des Interpreten? So entsteht bei vielen Leser*innen eine Verwirrung, wie sie schon der Autor des Vorworts beklagt hat.

Um meinen Leser*innen die Möglichkeit zu geben, selbst herauszufinden, was aus welcher Quelle fließt, werde ich die Vedanta-Lehre noch etwas ausführlicher darstellen. Das mache ich, indem ich zeige, vor welchem sozialgeschichtlichen Hintergrund sie entstanden ist. Das wird auch erklären, weshalb sie so einflussreich werden konnte.

Viele Sprüche und Weisheiten aus der Vedanta-Tradition haben sich in der heutigen Alltagssprache eingebürgert und sind in der „Szene“ geläufig – allen voran das *Alles ist eins.* Sie werden im Allgemeinen locker dahingesagt, und wer sie benutzt, hat oft keine Ahnung, wie diese Lehren heißen und woher sie stammen. Da sehe ich eine große Informationslücke, die ich hier gerne schließen möchte.

Den Yoga im gesellschaftlichen Zusammenhang verstehen

Der Freigeist Patanjali nimmt gegenüber der traditionell mächtigen Vedanta-Religion eine diplomatische und dennoch markante und entschiedene religionskritische Haltung ein. Um seine Position und sein innovatives Werk umfänglicher verstehen, würdigen und wertschätzen zu können, empfiehlt es sich, die brahmanische Tradition genauer kennen zu lernen, der gegenüber er sich abhebt – mit seinem sehr eigenen Profil.

Ganz ähnlich kann man sich auch vergegenwärtigen, wie im alten Israel die orthodoxen Rabbis das jüdische Leben mit Geboten und Verboten reglementierten. Vor diesem Hintergrund wird man/frau das segensreiche Wirken von Jesus Christus, dem Heiler und Menschenfreund, noch besser verstehen, einordnen und wertschätzen können. Beispielsweise sprengte er frauenfeindliche Traditionen auf undogmatisch-heilsame Weise. – Möglicherweise war er ein Zeitgenosse von Patanjali.

Um das Yogasutra und den Yoga überhaupt umfänglich zu verstehen, ist es sinnvoll, die altindische Yogaszene in ihrem sozialen Umfeld zu betrachten, im großen gesellschaftlich-historischen Zusammenhang. Um das dafür nötige Hintergrundwissen zu vermitteln, möchte ich jetzt historisch etwas weiter ausholen und bis zu den Ursprüngen des Yoga zurückgehen. (Es macht auch Sinn, diesen Exkurs zu überspringen und ihn später zu lesen.)

Ich lade also ein zu einem kurzen Gang durch die Geschichte des Yoga. Ich meine, er wird sich lohnen. Denn Menschen, die diesen historischen Parcours schon gelesen haben, sagen, er sei spannend geschrieben. Er lese sich teilweise wie ein Roman, oder gar wie ein Krimi.

Manche sagen, dadurch sei ihnen erst bewusst geworden, dass die indischen Weisheiten, die sie bisher gutgläubig in sich aufgenommen haben, teilweise aus zweifelhaften ideologischen Quellen stammen. Und dass sie fragwürdige, der Hindumoral entlehnte Wertvorstellungen unhinterfragt übernommen und verinnerlicht hätten. Das Wissen um die Herkunft solcher Sprüche habe ihnen geholfen, sich von dieser unguten Moral wieder zu befreien. Nun könnten sie besser unterscheiden, welche Wertvorstellungen für sie akzeptabel und welche inakzeptabel seien.

So kann dieser historische Einschub dazu beitragen, sich im Dschungel der oft widersprüchlichen indischen Weisheitsangebote und Heilslehren besser zurecht zu finden. Man/frau bekommt hier eine Orientierungshilfe, ähnlich wie beim Einkaufen durch die „Stiftung Warentest". So kann man/frau die spirituellen und religiösen Importwaren genauer prüfen und einordnen: Brauche ich das? Wofür? Wird mir das bekommen? Wann, wo, wie und von wem wurde das hergestellt? Und aus welchem Interesse heraus?

Hinter den Heilslehren verbergen sich häufig Kämpfe um Macht und Einfluss. So menschelt es im Hinduismus genauso, wie in der christlichen und den anderen „Hochreligionen" auch: Gurus zögerten gerne die Belehrung ihrer Schüler hinaus, um sie möglichst lange als unbezahlte Arbeitskräfte zu behalten. Priester ließen sich oftmals neue und kompliziertere Opferrituale einfallen und etablierten sie im religiösen Betrieb, um sich ihre privilegierten Positionen, oder überhaupt ihren Lebensunterhalt zu sichern.

Das provozierte natürlich auch Gegenstimmen, wie die der religionskritisch- polemischen und deshalb geächteten *Carvakas*, die den Spruch hervorbrachten:

> „Nichts and`res sind die Spenden an die Ahnen,
> als ein Erwerbsquell der Brahmanen."

Sozialgeschichtliche Hintergründe - Priester und Freigeister im Wettstreit

SHIVA – DIE FREIGEISTIGEN URSPRÜNGE DES YOGA

Die Stammesgemeinschaften brauchten noch keinen Yoga

Wie alt ist der Yoga? In Relikten der Induskultur (ca. 2800-1800 v.u.Z.), die um 1920 herum ausgegraben wurden, fand man Abbildungen von Menschen, die am Boden sitzen, wobei sich die Fußsohlen berühren. Einige Forscher deuten das bereits als Yogahaltung, als den Ursprung des Yoga. Andere weisen nüchtern darauf hin, dass solche Sitzhaltungen im asiatischen Kulturraum alltäglich sind und noch nichts über Yoga aussagen. Dieser Ansicht schließe ich mich an.

Denn Yoga ist nicht nur eine Sitzhaltung, es ist eine ganze Lebenshaltung. Es ist eine eigene Lebensform, die besonders dann entsteht, wenn die Lebensumstände schwer zu ertragen sind und man/frau ihnen – vorübergehend oder dauerhaft – den Rücken kehrt und nach einem besseren Leben sucht – in sich selbst. So kam auch ich zum Yoga, so kommen heutzutage viele zum Yoga. Und so ist der Yoga auch entstanden.

Vor der Entdeckung des Yoga lebten die indischen Ureinwohner, die *Drawiden*, die heute noch Südindien bevölkern, jahrtausendelang in friedlichen, nicht-expansiven, agrarischen Stammesgemeinschaften. Sie lebten – und das Volk der *Khasi* und viele andere leben heute noch so – ohne patriarchale Herr-schaft, also egalitär, in großfamiliären, zumeist matriarchalen Clans: In einem stabilen sozialen Kontinuum (Jean Liedloff) können sich alle Stammesmitglieder kontinuierlich sicher, verbunden, geborgen, akzeptiert und wertgeschätzt fühlen.

Sie leben eine gemeinschaftliche und natürliche Spiritualität. Alles Lebendige ist ihnen heilig, alles Natürliche gilt als göttlich. Deshalb braucht diese naturnahe, archaische Kultur auch noch keinen Yoga. Es gibt noch keinen Grund, sich von der Gemeinschaft abzusondern, sich zu „individuieren“, sich zu „finden“ oder gar sich zu „optimieren“. Noch keinen Grund, die reale, soziale Sphäre zu verlassen, sein Heil in höheren, „transzendenten“ Sphären zu suchen. Das alles gibt es noch nicht. Denn dazu fehlen die sozialen Anlässe und Motive.

Entwurzelung, Vereinzelung und die Suche nach der eigenen Identität – das alles kommt erst später auf, als das historische *Urtrauma* über diese Stämme hereinbricht. Wie katastrophal das für sie ist, können wir uns vorstellen, wenn wir verfolgen, wie heute in Zentralindien, im Amazonasgebiet, in Indonesien oder in Afrika die Lebensgrundlagen der indigenen Stämme zerstört werden. Die Gesellschaft für bedrohte Völker nennt es einen „schleichenden Völkermord".

Entwurzelte suchen neue Wurzeln, neue Lebensformen

Seit etwa 1500 v.u.Z. fallen kriegerische Nomadenstämme, die sich *arya*, „Arier", die „Edlen", nennen, aus den dürren Steppen Zentralasiens kommend, in vielen Wellen in das fruchtbare Indien ein. Sie erobern das Industal und die damals noch bewaldete Gangesebene – von West nach Ost, Dorf für Dorf. Sie vernichten, vertreiben oder unterwerfen die Stammesgemeinschaften der dunkelhäutigen drawidischen Ureinwohner, die anfangs noch wehrlos sind, später aber teilweise Widerstand leisten.

Dieser Kolonialkrieg zieht sich über Jahrhunderte hin. So entsteht das patriarchale und – teils bis heute – rassistische Kastensystem: die Herrschaft der hellhäutigen „Arier" über die dunkelhäutigen Drawiden, der Männer über die Frauen, der „Reinen" über die „Unreinen". Kriegerkaste und Priesterkaste rangeln um die Vorherrschaft in der Kastenhierarchie. Die Unterworfenen werden zu Sklaven, Dienern und Arbeitern, zu *Shudras*, zur untersten Kaste, die keine Rechte hat. Ebenso werden die Frauen, die in der einstigen Stammeskultur frei und hoch geachtet waren, nun zu Menschen zweiter Klasse degradiert.

Jahrhundertelang werden die Ureinwohner gewaltsam, schockartig – und sicher schwer traumatisiert – aus ihren vertrauten dörflichen Milieus herausgerissen, gleichsam „aus dem Paradies vertrieben". Die Menschen erfahren Unterdrückung, Leid, Entwurzelung und vielfach den Verlust ihrer Stammeszugehörigkeit. Als plötzlich Vereinzelte fragen sie sich wohl: „Wo gehöre ich nun hin? Wohin soll ich mich orientieren?"

Die wilden Anfänge des Yoga

Nicht alle fügen sich in das Schicksal der Unterwerfung. Viele verweigern sich der neuen Kastenherrschaft und flüchten in die Wildnis, in Wälder und Berge – in die noch nicht kolonisierten Gebiete – meist in Richtung Osten. Sie werden Migranten, Vagabunden, Asketen und finden sehr unterschiedliche, meist extreme neue Lebensformen:

Sie werden Wanderbettler, *Sadhus*, „die Guten", von denen es heute noch einige Millionen gibt. Sie leben, wie es heißt, hauslos, bindungslos und besitzlos – und lernen, notgedrungen, das Loslassen und die Askese. Manche ziehen gemeinschaftlich als ekstatische Sänger, *Samanas*, durch die Lande. Manche werden *Keshin* genannt, im Drogenrausch entrückte Langhaarige. Oder auch *Munis*, die Manischen (von *manas*: Geist), die Erregten, Verrückten. (Erst später bedeutet *Muni*: der Schweigende, der Weise.) Manche kasteien sich in selbstquälerischer Askese – *tapas*, um das innere Feuer zu schüren, das leidvolle Eindrücke verbrennen soll. Viele sind Schamanen und Heiler, die gegen Dämonen kämpfen und sie verbannen.

Mit all diesen kathartischen, teilweise noch wilden Lebensformen bemühen sich diese Suchenden vermutlich auch, ihre erlittenen Traumata zu heilen. Mit diesem noch ungezähmten „Uryoga" bereiten sie den Weg für den späteren zahmen Yoga, den „eigentlichen Yoga".

Shiva und Shakti – Leitfiguren des ursprünglichen Yoga

Diese Erfahrungen von Krieg, Vertreibung, Entwurzelung, Migration und leidvoll-leidenschaftlicher Suche werden in einer mythischen Figur verdichtet, in *Shiva*. Er ist Repräsentant, Held und Gott der rebellischen Ureinwohner und exzentrischen Außenseiter. Er steht für das Ursprüngliche und Natürliche.

Die vielen Legenden um ihn drücken wohl all das aus, was die leiderfahrenen Menschen damals innerlich bewegte. Er lebt und leidet wie einer von ihnen, aber er findet neue Wege, mit dem Leid umzugehen: Er zieht sich zeitweise in den Himalaya zurück, um in Meditation seine magischen Kräfte wieder aufzuladen.

Shiva entdeckt, wie wohl viele zu jener Zeit, wie die asketische Abkehr vom Äußeren zu tieferer Verbundenheit mit dem Inneren führt, zu einer Bündelung der Lebensenergien, zu einer ganz neuen Eigenmacht.

Shiva verkörpert die Vielfalt des Menschseins: Er ist Heiler, Schamane und Ritualkundiger. Er ist Tanzender, Liebender und Familienvater. Er ist Vagabund, „Öko-Aktivist" und politischer Rebell. Sein Leben als Yogi ist bunt schillernd und abenteuerlich – noch ungezähmt. Auch wenn sein rebellisches, wildes und wechselhaftes Leben nicht den späteren Yoga-Idealen von Ruhe, Gelassenheit und Gleichmut entspricht, so gilt er dennoch – bis heute – als Gott der Schamanen und der Yogis.

Zu jener Zeit sind die Relikte matriarchaler Kultur noch lebendig: Mutter Erde, die Natur, das Leben und das Göttliche – sie werden noch als weiblich verstanden. So steht dem *Shiva* ein weibliches Pendant zur Seite, die *Shakti*, das Symbol für die universelle Lebenskraft. Sie erscheint in vielerlei Gestalt: als *Shiva*s geliebte Gemahlin Sati, später als *Parvati*, oder als *Shiva*s Gefährtin, als die dunkle Seite der Göttin, als *Durga* oder *Kali*, die göttliche Macht, die zerstört und wieder erneuert.

Auf exzentrischen Wegen zum eigenen Zentrum

Eine Legende erzählt davon, wie die Kali-Kraft sich in *Shiva* auswirkt. Und was er braucht, um seine seelischen Verletzungen zu heilen. Sie schildert den dramatischen Weg, den er gehen muss, um zur stillen Meditation zu gelangen:

> Shiva wird, als wilder Rebell, sozial ausgegrenzt. Einmal wird er, als Einziger unter allen Göttern, zu einem großen himmlischen Opferfest nicht eingeladen und schmählich beleidigt. Seine geliebte Ehefrau Sati, die Tochter des Gastgebers, eines hohen Brahmanen, kann diese Schmach nicht ertragen und stürzt sich ins Opferfeuer. Daraufhin wird Shiva rasend vor Wut und rächt sich. Er stürmt in das Opferfest, randaliert und läuft Amok. Seinem Schwiegervater schlägt er den Kopf ab, weshalb er auch Brahmanentöter genannt wird.
>
> Nach dem Wutausbruch trauert er lange um die tote Geliebte und wird dabei halb wahnsinnig. Schließlich nimmt er Sati`s Leichnam auf seine Schulter und wandert ruhelos in Richtung Himalaya.

> Unablässig muss er Sati`s Namen rufen, muss seine durcheinander gewirbelten Gefühle kathartisch ausdrücken, bevor er wieder Ruhe finden kann. Erst nach langem Toben und Trauern kann er – in der Stille der Berge – wieder meditieren.

Shiva, ein Kind des damaligen Kolonialkrieges, demonstriert, dass ein traumatisierter Mensch phasenweise kathartisch und sogar exzentrisch werden muss, um anschließend sein Zentrum wieder zu finden.

Das habe auch ich in den 1970er bis 90er Jahren so erlebt, so wie auch viele andere traumatisierte Kinder der Kriegs- und Nachkriegszeit. Wir brauchten solch einen kathartischen, ungezähmten und psychologischen „Yoga", um unsere kriegsbedingten Traumata aufzulösen. Das gilt sicher auch für andere Arten von Traumata. Genaueres darüber wird noch folgen.

Insofern könnte *Shiva*`s „Uryoga" die notwendige Ergänzung sein zum späteren, zahmen Yoga, wie ihn auch Patanjali lehrt. Denn das bisher Geschilderte deutet darauf hin, dass der Yoga ursprünglich vor allem der Heilung von Kriegstraumata diente.

Yoga – der Kern einer spirituellen Gegenkultur

Viele der Herumsuchenden jener Zeit, meistens Männer, werden schließlich sesshaft. Sie gründen Einsiedeleien und *Ashrams*, d.h. Zufluchtsstätten in der Abgeschiedenheit. Sie schaffen sich leidfreie Schutzzonen, Orte des asketischen Lebens, des äußeren und inneren Friedens. Dort führen sie nun ein relativ geordnetes und beschauliches Leben, zumeist in Gemeinschaften von Lehrern und Schülern.

Als Ersatz für den verloren gegangenen, traditionellen sozialen Halt finden sie nun einen individuellen, spirituellen Halt – in ihrem Inneren. Sie sitzen lange an nächtlichen Feuern und entdecken dabei in sich ein mystisches Potential: Die Kraft des Tönens und der Mantras, die Kraft des Atmens – *Prana*, die Kraft des Schweigens und die Kraft der Konzentration und Meditation. Dabei sammeln und bündeln sie all ihre Kräfte und Energieströme – *Prana*. Dieses Sich-selbst-*anjochen* – das nennen sie Yoga.

Sie entdecken, wie man über die Selbstkontrolle dauerhaft zu einem gedankenstillen, friedlichen Geist gelangt. Sie erfahren Befreiung – *moksha, mukti* – von Wünschen und Begierden und entdecken eine ganz neue innere Freiheit. Und die Verbundenheit mit bisher ungeahnten inneren Kräften, die ihnen als göttlich erscheinen.

Ihre Suche richtet sich auf ein Ziel, dem sie viele verschiedene Namen geben, vor allem *prana, atman, purusha*: das Selbst, das Mit-sich-eins-sein, das Einfach-nur-sein. Diesen Zustand nennen sie auch *Sat-chit-ananda:* Das Sein – *sat* – mit Bewusst-sein – *chit* – erleben, das ist die Seligkeit – *ananda.*

Mit der Entdeckung des Selbst entwickeln die Yogis, Mystiker und andere spirituelle Freigeister ein ganz neues Selbst-Bewusstsein. Eine Ausstrahlung, Attraktivität und Bedeutung, die weit in die indische Gesellschaft hineinwirkt – damals schon und heute immer noch. So entsteht am Rande und außerhalb der Kastenordnung eine neue, freigeistige, asketisch-spirituelle Gegenkultur, die sogar in den Kasten der Priester und des Adels Anhänger*innen findet. Ein neuer, geradezu revolutionärer Zeitgeist greift (ab etwa 800 v.u.Z.) um sich und breitet sich aus. Was er wirklich bedeutet, das zeigt ein kurzer Rückblick auf die traditionelle, brahmanisch geprägte religiöse Landschaft:

Macht und Bedeutung der Brahmanen

In der sogenannten vedischen Zeit (ca. 1500-800 v.u.Z.) beherrschen noch die Brahmanen, die orthodoxen Priester und Rishis, das religiöse und kulturelle Leben. Ihre Machtposition stützt sich vor allem auf die umfangreichen Veden, ihre „gottgegebenen“ und „ewig gültigen“ heiligen Schriften. Ursprünglich wurden sie auswendig gelernt und mündlich überliefert. Sie enthalten das exklusive priesterliche Wissen – *Veda* – über die vedischen Götter und über das korrekte Zelebrieren der farbenprächtigen vedischen Opferrituale, die auf indischen Hochzeiten heute noch zu erleben sind. Von der aktiven Teilhabe an dieser vedischen Religion sind Frauen – bis heute – ausgeschlossen, so wie in anderen „Hochreligionen“ auch.

Allerdings enthalten die Veden bereits einzelne religionskritische Texte. Im *Rigveda* z.B. stellt ein *Rishi*, ein weiser Brahmane, etwa um 1000 v.u.Z. die Macht der Götter infrage und spekuliert sehr plausibel über den

Ursprung der Welt – über das Eine, aus dem die Vielheit entstanden ist. Diesen Mythos von der Entstehung der Welt möchte ich hier vorstellen. Denn er ist der älteste Text der indischen Philosophie. Er macht den Eindruck, als beschreibe er das in tiefer Meditation erlebte Gefühl von Eins-sein – und wie dann aus dem *Einen* die *Vielheit* erwächst.

Meditation über den Ur-Grund, aus dem wir stammen

1. Am Anfang waren weder Sein, noch Nicht-Sein.
Weder ein Raum, noch ein Himmel darüber.
Bewegte sich überhaupt etwas? Wo? Nach welchem Gesetz?
War da vielleicht eine Art Urnebel?
Nein, nur ein unergründlich tiefer Abgrund.
2. Damals gab es weder Tod noch Unsterblichkeit.
Weder Tag noch Nacht traten in Erscheinung.
Nur das *Eine* begann zu atmen –
aus eigenem Antrieb, ohne äußeren Anstoß.
Denn außer diesem *Einen* gab es nichts anderes.
3. Damals war nur Finsternis – von Finsternis umhüllt.
All das war ein unergründliches Fluten.
Da war nur Leere – von Leere umhüllt.
Aus ihr tauchte das *Eine* auf und entfaltete sich –
durch die Macht seiner inneren Hitze.
4. Am Anfang war nur das *Eine* – und wurde zur treibenden Kraft.
Es entwickelte sich – und wurde zum Keim des (späteren) Geistes.
Die Weisen forschten in ihrem Inneren – in tiefer Versenkung –
und fanden den Ursprung des Seins im Nicht-sein.
5. Aber ihrer Erkenntnis war eine sperrige Grenze gesetzt.
Gab es denn ein Unten? Gab es ein Oben?
Gab es denn Kausalität? Gab es Materie?
Waren die Naturkräfte unten? Die Geisteskräfte oben?
6. Wer weiß es sicher? Wer kann hier verkünden, wie und wo
diese ganze Schöpfung entstand – und woher sie kommt?
Die Götter kamen erst später – mit der Entwicklung dieser Welt.
Wer weiß es also, woraus und wie sie entstanden ist?
7. Woraus und wie diese Welt entstanden ist,

ob sie erschaffen ist oder nicht – das weiß allein der,
der diese Welt von der höchsten Warte aus betrachtet.
Aber – vielleicht weiß er es auch nicht.
Rigveda, X/129, (eigene Übersetzung)

Solche genialen Ideen – von den Grenzen unserer Erkenntnis – waren den Brahmanen anscheinend schon vertraut, aber ihre Verbreitung kam erst später – mit den Yogis:

Die Yogis werden zu Rivalen der Brahmanen

Etwa ab 800 v.u.Z. beginnt dann – nicht nur in Indien – diese spirituelle Kulturrevolution, eine ganz neue Ära. Der Philosoph Karl Jaspers nennt sie die „Achsenzeit" der Weltgeschichte, die Zeit, in der die Verhältnisse sich in vielerlei Hinsicht grundlegend umdrehen.

Die vedischen Priester bekommen geistige Rivalen: Yogis und andere Mystiker und Freigeister – später dann die Buddhisten und Jainas.

Diese neuen Lehrer haben enorm viel Zulauf. Zu ihnen kommen umherziehende Asketen, noch naturreligiöse Bauern und Hirten, wahrheitshungrige aufgeklärte Brahmanen, kampfesmüde entlaufene Krieger, des Wohlstands überdrüssige Kaufleute und Adelige. Und sogar Fürsten, die für die neue geistige Klarheit sehr aufgeschlossen sind, weil sie ihnen politisch vernünftig erscheint und sich gegen ihre Rivalen, die Priester richtet.

- **Veda verliert an Einfluss**
  Viele unzufriedene, kritische und mutige Suchende aus allen sozialen Gruppierungen wenden sich ab vom ritualistischen und dogmatisch-rigiden Brahmanismus – und vom *Veda*, dem priesterlichen Wissen.

- **Vidya gewinnt an Einfluss**
  Sie streben stattdessen nach *Vidya*, der neu entdeckten reinen Bewusstheit – jenseits von allem Wissen, jenseits von Gedankengebäuden und Glaubenssystemen. Sie streben nach der friedvollen yogischen Gedankenstille, die als Befreiung und Seligkeit erlebt wird.

Im Spannungsfeld von Meditation und Kommunikation

Viele erlangen die friedvolle Weite und Leere des Geistes, aber sie bleibt natürlich nicht dauerhaft weit und leer. Denn der menschliche Geist will ja auch aktiv sein, sich mitteilen, belehren und belehrt werden. Er will sich selbst und die Welt ergründen und verstehen. Er will die neuen mystischen Erfahrungen einordnen in ein Bild von der Welt.

So entwerfen viele Suchende jener Zeit neue, eigene, zumeist sehr spekulative und fantasievolle Weltbilder. So, dass eine ungeheure Fülle von Weltbildern entsteht, und damit die Frage aufkommt: Welche sind stimmig und überzeugend? Welche schaffen es, sich durchzusetzen? – Um die Wahrheit wird lange gerungen.

Wenn wir überhaupt jemals so etwas wie allgemein gültige Wahrheiten erlangen, dann nicht allein durch die „Schau" eines „Sehers", eines vereinzelten „Übermenschen", mag er noch so erleuchtet und begnadet sein. Sondern nur durch beharrliches, herrschaftsfreies und gewaltfreies „kommunikatives Handeln". Das ist eine weise Erkenntnis der modernen, historisch und sozialwissenschaftlich fundierten Philosophie der Kommunikation (J. Habermas).

Und diese Weisheit, dass wir Wahrheiten, wenn überhaupt, nur *gemeinsam* finden, wurde im Alten Indien lange praktiziert, was die Texte der Upanishaden bezeugen. Bevor ich auf sie eingehe, hier noch ein Überblick über das Verhältnis der Yogis zu den Brahmanen, wobei mit Yogis und Brahmanen nicht nur diese besonderen Personen gemeint sind, sondern auch soziale und geistige Positionen und Strömungen:

Brahmanen und Yogis

Krieger und Priester, Kastenherrschaft, Vedische Religion: Brahmanismus, orthodox, ritualistisch	ab 1500 v.u.Z. Arier unterwerfen Ureinwohner	Ureinwohner, unterste Kaste, matriarchale Relikte: Shakti und Shiva
„Veda-Ende“ Vedanta	ab 800 v.u.Z. Upanishaden Einigung zw. Yogis und Priestern, Atman *ist* Brahman,	Vidya: Yogis entdecken *Atman,* das Selbst, Spirit. freigeistige Gegenkultur
Brahmanen bringen in Upan. *Theorien* ein	Brahmanische Lehre von der All-Einheit um 500 v.u.Z.	Yogis bringen in Upan. *Erfahrungen* ein Buddhismus Abkehr von Brahmanlehre und Kastenordnung
Einfluss der Kriegerkaste auf die Gita	um 300 v.u.Z. Bhagavadgita Vedantalehre: Das Eine, Brahman, und die Vielfalt, Yoga als Religion Hinduismus	
	um die Zeitenwende	Patanjali, Abkehr von Brahmanlehre, Rückkehr zum Freigeistigen, neu: Tiefenpsycholog. Yoga

UPANISHADEN – BRAHMANEN, YOGA UND VEDANTA

Die Upanishaden: Eine kollektive geistige Suchbewegung

Die erwähnten spirituellen Erfahrungen, Lehrmeinungen und Weltbilder sind in den berühmten Upanishaden (ab ca. 800 v.u.Z.) beschrieben, einer umfangreichen Sammlung von Geschichten, Mythen, Spekulationen, Dialogen, Debatten und frühen philosophischen und theologischen Erörterungen. In diesen Texten kommen über hundert verschiedene Philosoph*innen und andere große Geister zu Wort, die ungefähr drei aufeinanderfolgenden Generationen und unterschiedlichen sozialen Milieus angehören.

Sie begegnen einander und tauschen sich aus. Sie belehren einander und diskutieren heftig, bis manchen sogar „der Kopf zerspringt", wie es heißt. Es ist nicht nur eine Zeit stillen Meditierens und individueller Verwirklichung, sondern auch eine Zeit des geistigen Aufbruchs, der intensiven und leidenschaftlichen Auseinandersetzungen – und der Kämpfe um Macht und Einfluss. Dabei geraten unterschiedliche existentielle, geistige und politische Interessen teils heftig aneinander.

So entstehen – in langen Prozessen der Verständigung – die Texte der Upanishaden. Sie atmen teilweise noch den freien Geist der Yogis und Mystiker, zum Großteil aber den Geist der Priesterschaft und des Kriegeradels.

Ein Ergebnis dieser Prozesse ist Vedanta – *veda-anta*, wörtlich: „das Ende der Veden". Aber die Brahmanen verwandeln das „Ende" ihrer orthodoxen vedischen Tradition, zu ihren Gunsten, in einen Neuanfang und deuten ihn als "die Vollendung allen vedischen Wissens". Das schaffen sie durch die neue Lehre vom *Brahman*, die künftig *Vedanta* genannt wird.

Die Begegnung zwischen Priestern und Mystikern

In den Texten der Upanishaden begegnen sich auf friedliche und respektvolle Weise zwei gegensätzliche soziale Milieus, zwei bedeutende spirituelle Gruppierungen, die sich austauschen und zunehmend einander angleichen: die Yogis und die Brahmanen. Allgemeiner gesagt: Die Mystiker/Freigeister und die Priester. Das ist eine religionsgeschichtlich häufige Konstellation, ein häufiger Konflikt, der in den drei monotheistischen Religionen zumeist in lange blutige Machtkämpfe ausartete.

Im „christlichen Abendland" haben die Priester diesen Konflikt, wie wir wissen, mit Inquisition, Verfolgung, Folterung und Verbrennung Andersdenkender „gelöst", bzw. durch die Staatsgewalt „lösen lassen".

In den Upanishaden hingegen lesen wir – und das verdient großen Respekt und Bewunderung, dass die Priester auch von den „Ketzern" lernen. Besonders dann, wenn die ihre Erfahrung – das gedankenstille, friedvolle *Selbst* – auch gedanklich gut vermitteln können. Dazu eine oft erzählte Geschichte, (*Chandogya*-Upanishad, Kap.7), die auch heute noch – und heute wieder – aktuell ist:

Den Kummer überwinden – durch die Freude am Selbst

Ein angesehener Brahmane, Narada, ist – ähnlich wie Goethe`s Faust – zwar hochgelehrt, aber voller Kummer. Er sucht Hilfe bei dem Weisen Sanatkumara, der als Sohn des mythischen *Shiva* gilt. Er hat den Ruf eines Fährmanns, der ihm über den Strom des Kummers hinweghelfen kann. Narada zählt auf, was er alles studiert hat: die vier Veden und die Epen und sämtliche Wissenschaften. So sei er nun ein Schriftgelehrter, kenne zwar die Formeln und Hymnen, aber er kenne nicht das *Selbst.* Er lebe in Kummer, und der Weise solle ihn belehren.

Sanatkumara belehrt ihn, dass das, was er bisher gelernt habe, „alles nur Worte" seien. Und er führt ihn von den Worten – über Sprechen, Denken und die Lebenskraft – in die Sphäre jenseits der Worte. Hin zur Freude an der Weite, am Unbegrenzten, am Brahman. Und zur Freude an der inneren Weite, am Selbst, dem *Atman.* Das hilft dem *Narada.*

Yogis erleben *Atman*, Brahmanen diskutieren *Brahman*

Yogis und Brahmanen – die beiden Gruppierungen sind meist von unterschiedlicher Herkunft, manche sind auch Yogi und Brahmane zugleich. Sie bringen unterschiedliche Erfahrungen, Interessen und Themen in die Debatten ein und benutzen unterschiedliche Begriffe, die ihnen wichtig und heilig sind:

Atman und *Brahman* – diese beiden zentralen Begriffe ziehen sich wie zwei rote Fäden durch die Debatten der Upanishaden. Beide Begriffe bezeichnen etwas Umfassendes, Ganzes, Wesentliches. Etwas Beständiges – jenseits allen Wandels. Deshalb werden beide häufig synonym verwendet.

Das Interesse der Yogis und Mystiker ist oft begrenzt. Sie erfreuen sich zunächst an der beglückenden Erfahrung des Nicht-Denkens, des gedankenfreien *Selbst – Atman.* Ohne den intellektuellen Anspruch, sie in eine Theorie vom großen Ganzen einzuordnen. Viele Yogis können sich in ihrem auf das Selbst fokussierten, bescheidenen Lebensentwurf damit wohl begnügen.

Es gibt aber auch viele, die das als einseitig und begrenzt erleben, die ihren Geist gerne weiter schweifen lassen. Sie stellen, vermutlich brahmanisch beeinflusst, Bezüge her zwischen dem Einzelnen und dem Universum, dem Göttlichen. So entstehen viele Lehren, die Ähnlichkeiten, Entsprechungen und Zuordnungen zwischen mikrokosmischen und makrokosmischen Phänomenen zu Lehrsätzen erheben: Leib/Nahrung und Erde, Atemkraft und Wind, Auge und Sonne, Sprechen und Feuer, Geist und Mond, Selbst und Raum. Da liegt es nahe, auch die Ähnlichkeit oder Gleichheit von *Atman* und *Brahman* zum Lehrsatz zu erheben.

Das Interesse der Brahmanen kreist vorrangig um ihren altüberlieferten Begriff *Brahman*, geradezu ein Schlüsselwort, ein Zauberwort, dem sie immer neue und umfassendere Bedeutungen geben. Brahman bedeutet ursprünglich etwas Naturhaftes, Wachsendes, Kraftgebendes, Gestaltendes. Die vedischen Priester bezeichnen damit die spirituelle Kraft der Veden und die Kraft, die sie beim Opferritual in sich erfahren. So wird Brahman zur „inneren Kraft der Brahmanen".

In der Zeit der Upanishaden wird der Begriff ausgeweitet – in viele Richtungen. Jeder gibt ihm seine Bedeutung, so dass er jetzt vielerlei bedeutet. Immer häufiger wird er auch mit dem *Atman* gleichgesetzt, wobei das Brahman das Umfassendere ist: „In Dir selbst kannst Du das große Brahman erfahren."

Priester und andere Gebildete rätseln, diskutieren und spekulieren viel, was denn nun das Brahman, bzw. der *Atman*, genau sei. Anfangs steht nur fest: Brahman soll – dem patriarchalen Interesse der Brahmanen entsprechend – „das Höchste" sein. Und es wird eifrig spekuliert: Was ist denn nun das „Höchste"?

Viele glauben, „das Höchste" entdeckt zu haben, und vieles wird zum allgemeinen Höchsten erklärt. Besonders die menschlichen Sinnesqualitäten: die Lebenskraft, das Fühlen, das Sehen, das Sprechen, das Hören und das Denken. So wird unermüdlich nach dem Höchsten gesucht und gefragt. Nach dem Allumfassenden, dem Beständigen, dem Ewigen.

Uddalaka Aruni – ein bodenständiger Naturphilosoph

Bei dieser Suche geht ein Brahmane ganz eigene Wege: der bedeutende Naturphilosoph Uddalaka Aruni: Er spekuliert nicht über das „Höchste", sondern forscht empirisch im „Niederen", Körperlichen, in der Natur, der Materie und stößt auf drei Urelemente: Wasser, Feuer und Nahrung. Von ihm gibt es eine schöne Geschichte (*Chandogya*-Upanishad, Kap.6):

> Er schickt seinen zwölfjährigen Sohn Shvetaketu zur Ausbildung bei einem spirituellen Lehrer, damit er „das Brahman lerne". Nach zwölf Jahren kommt der Junge stolz zurück, denn er hat alle vedischen Schriften gelernt. Sein Vater fragt ihn, ob er auch gelernt habe, „das Ungehörte zu hören, das Unverstandene zu verstehen, das Unerkannte zu erkennen". Der Sohn verneint das. Der Vater macht ihm nun bewusst, dass er nur auswendig Gelerntes weiß – und bringt ihm bei, wie man sich neues Wissen aneignet.
>
> Er lehrt seinen Sohn, das Naturgeschehen genau zu beobachten und macht mit ihm viele naturkundliche Experimente. Unter anderem lässt er ihn 15 Tage fasten und fragt ihn dann nach seinem vedischen

> Wissen. Ihm fällt nichts mehr ein. Also: Nahrung ist die Grundlage des Denkens.
> Mit solchen Experimenten führt der Vater seinen Sohn zu den subtilen Geschehnissen und zum Wesen der Natur. Er lässt ihn beispielsweise ein Stück Salz ins Wasser legen. Am nächsten Tag ist das Salz nicht mehr da. Und – beim Kosten des Wassers – ist es doch noch da.
> Der Vater belehrt ihn: „Du nimmst dieses äußerst Feine nicht mehr wahr, und dennoch ist es da. Aus diesem äußerst Feinen besteht die ganze Welt. Das ist das Reale. Das ist der *Atman*. Das bist auch Du – *Tat tvam asi*"

Diese Sätze sagt der Vater am Ende jeder Belehrung. Viele Male. Der Kernsatz *Tat tvam asi* ist berühmt und wird viel zitiert. Uddalaka fasst dieses *Tat* – Das –noch als etwas Naturhaftes, Stoffgebundenes auf. Später (in der Bhagavadgita) gilt *Tat* als etwas vom Stofflichen Losgelöstes, etwas eher Geistiges, ein anderes Wort für *Brahman*. Deshalb steht Uddalaka, als empirischer Forscher und Naturphilosoph, in der spirituellen Tradition Indiens ziemlich alleine und eher am Rande. Es scheint so, als würde Patanjali später an Uddalakas im Ansatz naturwissenschaftliches Forschen anknüpfen und es in Form von psychologischer und sogar astronomischer Beobachtung fortführen (s. Sutras III/26-28).

Satyakama – ein bodenständiger, einfacher Yogi

Einige frühe Yogis geben eine einfache und klare Antwort auf die Frage, was das „Höchste" sei. Sie sind noch erfahrungsbetont, lebensbejahend und körperfreundlich.

Ein schönes Beispiel dafür ist der Yogi Satyakama (Chandogya-Upanishad, Kap. 4-5). Er ist der Sohn der alleinerziehenden Magd Jabala und sucht einen spirituellen Lehrer, um das legendäre *Brahman* zu erfahren. Obwohl er keine ehrbare brahmanische Herkunft nachweisen kann, wird er, als Jugendlicher, dennoch von einem brahmanischen Lehrer angenommen. Ihm dient er jahrelang als erfolgreicher Rinderhirt. Dabei empfängt er sein Wissen über die vier Viertel des *Brahman* von vier Naturwesen, die für die vier Elemente stehen.

Bald wird er selbst ein bedeutender Weisheitslehrer, bewahrt sich dabei aber seine Bodenständigkeit. Er lehrt:

„Wer das Höchste und Beste kennt,
der wird selbst der Höchste und Beste.
Dieses Höchste und Beste ist die Lebenskraft – *prana.*"

Die Lebenskraft erweist sich als das Höchste

Satyakama begründet seine These mit der schönen und berühmten Geschichte von den fünf Sinneskräften: die Stimme, die Sehkraft, das Hören, das Denken und die Atemkraft/Lebenskraft. Die fünf streiten miteinander, welche von ihnen die wichtigste sei. Um das herauszufinden, machen sie ein Experiment:

> Eine nach der anderen zieht, jeweils für ein Jahr, aus dem Körper aus. Da wird der Mensch, jeweils ein Jahr lang, stumm, blind, taub und dumm, aber er lebt weiter. Als dann die Atemkraft ausziehen will und die anderen vier mit sich reißt, da umringen sie *Prana* und flehen sie an: „Ehrwürdige, bitte ziehe nicht aus! Du bist die wichtigste von uns allen. Du sollst den Vorrang über uns haben!"

> Die noch naturnahen frühen Yogis konzentrieren sich vor allem auf das sinnlich Wahrnehmbare, das Leibhaftige, die Lebenskraft. Sie wird so hochgeschätzt, dass sie sogar als *Gott Prana* verehrt wird.

> Doch diese lebensfreundliche Lehre kann sich nicht durchsetzen. Langfristig setzen sich mehr die vergeistigten und spekulativen Lehren der Brahmanen durch. Ich will schildern, wie es dazu kommt:

„*Atman* und *Brahman* – sie sind doch das Gleiche"

Die brahmanischen Denker suchen – nachdem die vedischen Götter ihre Macht eingebüßt haben – nach einer neuen Vision, nach einer großen, universalen, göttlichen Macht, mit der sie ihre weltliche Macht neu begründen können.

Für dieses große Projekt liefern die Yogis ihre außergewöhnlichen Erfahrungen. Aber ihnen fehlt es an der geistigen Schulung, an einer eigenen Begrifflichkeit und der Tradition, das Erfahrene in eine größere geistige Ordnung einzubringen. Die gut geschulten und geistig wendigen Brahmanen kommen hier zu Hilfe und widmen sich dieser großen Aufgabe, wobei sie sich nicht scheuen, kühn zu spekulieren und die Erfahrungen der Yogis für ihre Zwecke zu vereinnahmen.

Die zwei großen Ideen, die im *Atman* enthalten sind, das Mit-sich-eins-sein und das Beständige/Ewige, schreiben die Brahmanen jetzt auch dem Brahman zu und geben ihm damit beeindruckend deutliche, neue Konturen. So bedeutet das Brahman jetzt – neben vielem anderen – vor allem: das unvergängliche, ewige Eine, das die Vielheit der Welt trägt und durchdringt. Es gilt jetzt als die innere Kraft des Universums.

So kann sich der schon lange verbreitete Glaubenssatz – *Atman und Brahman sind das Gleiche* – vollends durchsetzen. Der Satz besagt: Wer mit *sich selbst* eins ist, der ist zugleich auch mit dem *Brahman* eins. So wird die Yogi-Erfahrung, die Befreiung des Geistes von fragwürdigen Glaubenssystemen, umgedeutet und in ein neues, priesterliches Glaubenssystem eingezwängt.

Die frühen Upanishaden sind noch lebensbejahend und körperfreundlich. Mit *Atman* und *Purusha* ist noch der ganze, lebendige, atmende Mensch gemeint. Die späteren Upanishaden verlassen diese Bodenhaftung. In ihnen bedeutet *Atman* dann nur noch: die körperlose Seele, etwas vom Körperlichen Losgelöstes. *Purusha* wird verkürzt auf *Reiner Geist.* Auch das einst sehr lebendig vorgestellte und fühlbare *Brahman* wird nun gänzlich vergeistigt – zu etwas Gedachtem, rein Ideellem.

Von der ganzheitlichen *Erfahrung des Einsseins* bleibt tendenziell nur noch die *Idee* des Einsseins übrig und wird verwertet. Aus dem physischen Mit-sich-eins-sein wird ein meta-physisches, rein geistiges Einssein konstruiert, postuliert und beschworen. Es dient der Vollendung der Brahmanlehre.

VEDANTA – ALL-EINHEIT UND POLITISCHE EINUNG

Wie ein Brahmane die Lehre vom Brahman vollendet

Wie das Brahman zum unvergänglichen Einen wird, das erzählt die Brihadaranyaka-Upanishad (in Kap. 3-4) sehr anschaulich: Der Urheber dieser Idee ist der bedeutendste Weisheitslehrer jener Zeit, der gelehrte Brahmane Yajnavalkya. Er ist ein selbstbewusster, kluger und kreativer Denker – und zugleich ein reicher Viehhalter. Er wird zum spirituellen Lehrer, Freund und Berater des geistig aufgeschlossenen Fürsten Janaka. In einigen Dialogen tragen die beiden wesentlich dazu bei, die Bedeutung von *Brahman* bis ins Unfassbare auszuweiten und „festzulegen“:

> Einmal kommt Yajnavalkya zur „Audienz“ beim Fürsten. Der fragt den Weisen: „…Wünschst Du Vieh oder eine kluge Unterredung?“ – „Beides wünsche ich, mein Fürst…“ – Dann berichtet der Fürst dem Weisen die sechs Lehrmeinungen, die er von anderen Lehrern schon über das Brahman gelernt hat: Der Weise greift sie auf und zeigt, dass sie alle nur einzelne Aspekte des Brahman benennen. Dann führt er den Fürsten allmählich zu seiner gedanklichen Konstruktion vom Wesen des Brahman:
> Das Brahman ist nicht dieser und nicht jener Aspekt. Es ist das Eine, das alle diese Aspekte gleichermaßen umfasst und beinhaltet. Es ist überhaupt nichts Realem zugeordnet. Es ist das *gedachte* Eine – jenseits aller Vielfalt.
> Der Fürst ist von dieser All-Einheits-Lehre, von diesem neuen geistigen Konstrukt sehr beeindruckt. Nach jeder einzelnen der sechs Belehrungen sagt er dem Erfinder dieser Idee: „Tausend Elefanten und Stiere gebe ich dir ...“.

Die Lehre von der All-Einheit wird fürstlich belohnt – denn sie ist politisch nützlich

Warum ist der Fürst so auffällig großzügig gegenüber seinem weisen

Lehrer, seinem politischen Berater? Warum fällt das Beraterhonorar, Tausende von Rindern, so unermesslich hoch aus?

Fürst Janaka ist begeistert von dieser genialen, machtvollen Lehre. Das *Brahman* gilt jetzt als das Alles-Umfassende, das Universale, das All-Eine, in dem alles enthalten ist. Es ist das Machtvollste überhaupt, das Göttliche, und der Fürst ist mit ihm im Bunde. Das wird seine fürstliche Macht ganz gewiss stärken und aufwerten. *Brahman* ist – kurz gesagt – das unfassbare Absolute, und so eine Lehre vom Absoluten kann ein absoluter Herrscher wie Janaka nur begrüßen.

Er steht an der Spitze seines „Staates", aber Staaten sind zu jener Zeit noch in der Phase des Entstehens und noch sehr wackelig. Um sie zu festigen brauchen die Herrschenden staatstragende Ideen, einen gefälligen *sozialen Kitt*. Denn die gerade entstehende Kastenordnung lässt sich mit Gewalt alleine nur schwer aufrechterhalten.

Es ist die Zeit des Übergangs – von den Stammesstrukturen zur Staatenbildung. Die patriarchalen Herrscher haben Mühe, die vielen unterschiedlichen, weitgehend autonomen Stammesgemeinschaften und die vielfältigen religiösen Gruppierungen zu einem übergreifenden sozialen Gefüge zu verbinden – und sie in einem zentral gelenkten, mächtigen Reich zu *vereinen*.

Für dieses große patriarchale Projekt des Vereinens braucht es auch überzeugende einigende Ideen. Es braucht eine übergeordnete, zündende und verbindende religiöse Lehre, die die Herzen der Menschen für das Große und Ganze gewinnt. Da kommt die All-Einheits-Lehre gerade recht. Sie liefert das religiöse Band, das alle Menschen miteinander verbinden soll.

Das alles scheint Yajnavalkya weise vorauszusehen. Denn seine „Erfindung" wird in den nächsten Jahrhunderten politisch hoch bedeutsam. Das sehen wir gleich am Beispiel der Vedanta-Lehre in der Bhagavadgita.

Alle patriarchalen Mächte, staatliche wie religiöse, stützen sich, um ihre Macht zu festigen, auf Ideologien, die das Eine propagieren. Im „christlichen Abendland" waren es: Der *eine* Gott, der *eine* Glaube, die *eine* Kirche, der *eine* Papst, der *eine* Kaiser, das *einig* Vaterland. Und schließlich die Nazi-Parole: „*Ein* Volk, *ein* Reich, *ein* Führer".

Die mutige Gargi hinterfragt die Brahmanlehre

Dieses *Brahman*, das unvergängliche *Eine*, gilt fortan als das „Absolute", das man nicht hinterfragen darf. Dazu eine höchst aufschlussreiche Geschichte: Fürst Janaka hat alle Weisen und Gelehrten seines Landes zu einer großen Versammlung eingeladen: Alles Männer – und nur eine Frau, Gargi Vacaknavi, die Tochter eines gelehrten Brahmanen. Ihr Name, *Vacaknavi*, bedeutet wörtlich: Ein neues Reden.

Der beeindruckende Yajnavalkya, Sieger in allen Diskussionen, muss da erleben, wie seine großartigen Spekulationen über das Brahman von einer gebildeten, scharfsinnigen und mutigen Frau in Zweifel gezogen werden. Zwischen den beiden entspinnt sich ein brisanter Disput, bei dem Gargi die Brahmanlehre hartnäckig auf den Prüfstand stellt. Dieser großartigen Frau will ich hier ein Denkmal setzen:

> Gargi greift die damals allgemein vertretene These auf: „Was man dieses All nennt, das ist in das Meer, in das Wasser eingewoben" – und fragt Yajnavalkya: „In was ist denn nun das Wasser eingewoben?"
> Er: „In den Wind, Gargi".
> Sie: „In was ist denn nun der Wind eingewoben?"
> Er: „In die Zwischenreiche (zwischen Himmel und Erde), Gargi".
> So geht es weiter – insgesamt zwölf Mal. Gargi gibt sich mit seinen fantasievoll-spekulativen Antworten (neun Himmelsetagen – mit Gestirnen und diversen Göttern und Halbgöttern) nicht zufrieden und fragt unbeirrt weiter, ohne sich vom berühmten Meister einschüchtern zu lassen.
> Der Weise antwortet geduldig, aber nur solange, bis die mutige Frau dann die entscheidende, für ihn ungehörige, ketzerische Frage stellt.
> Sie: „In was sind denn nun die Welten des Brahman eingewoben?"
> Er: „Gargi, überfrage nicht! Dass Dir nicht der Kopf zerspringe!
> Wahrlich, über die kosmischen Elemente (die Gottheiten) hinaus darf man nicht fragen. Du fragst über sie hinaus, Gargi. Überfrage nicht!"
> Daraufhin verstummte Gargi Vacaknavi, die Redegewandte.
>
> (Brihadaranyaka-Upanishad, III, 8)

Der weise Yajnavalkya verhält sich plötzlich gar nicht mehr weise. Er fühlt seine Lehre offenbar angegriffen und reagiert aggressiv und autoritär. Eine Frau führt ihn an die Grenze menschlicher Erkenntnisfähigkeit, aber er begreift sie noch nicht. Er ist noch nicht imstande, (so wie später der Aufklärer Immanuel Kant), sinngemäß zu sagen:

> „Was jenseits dieser Grenze liegt, darüber können wir nichts wissen. Solche theologischen Dogmen sind nur gedankliche Konstrukte, die sich nicht überprüfen lassen. Es sind Spiele mit Begriffen, die inhaltlich leer sind, weil ihnen nichts Erfahrenes, nichts sinnlich Wahrnehmbares zugrunde liegt."

Auch die standhafte Gargi hat diese Grenze nicht begriffen und spielt das Spiel um die Deutungsmacht, das Spiel mit Worten eifrig mit. Sie kann noch nicht die kühne, aufklärerische Frage stellen: „Woher weißt Du das denn alles? Hast Du das selbst erfahren? Oder beruht das nur auf Deinen Fantasien und Spekulationen?"

Der Aufklärer Patanjali verweigert sich grundsätzlich solchen Spekulationen und kommentiert sie souverän und lapidar:

> **Spekulationen stützen sich**
> **auf das Wissen von Worten**
> **und haben keine reale Grundlage. (I/9)**

Die All-Einheits-Lehre und ihre gesellschaftliche Bedeutung

Diese neue Glaubenslehre ist von großer religionspolitischer Bedeutung – nicht nur für die Fürsten, sondern auch für die Brahmanen selbst:

Kriegerkaste und Priesterkaste bilden das übliche patriarchale Bündnis von Macht und Geist, von Politik und Religion, von Thron und Altar. Sie brauchen einander, und gleichzeitig rivalisieren sie um den obersten Rang in der Kastenhierarchie.

Doch jetzt ist der Machtkampf entschieden: Das göttliche Brahman ist die höchste Macht im Universum, und die Brahmanen sind die Vertreter dieser Macht und haben besonderen Anteil an ihr. Sie sind mit ihr im

Bunde. Damit wächst ihr Ansehen enorm, und sie gelten jetzt eindeutig als die höchste Kaste. Sie werden sogar für Götter gehalten, die in menschlicher Gestalt auf Erden wandeln.

Die neue All-Einheits-Lehre/Vedanta wird, wie bereits erwähnt, auch *A-dvaita*, Nicht-Zweiheit, genannt, weil sie postuliert, dass – letztlich – „alles eins" sei und es keine Ent-zweiung gebe. Das ist eine erbauliche, auf Harmonie ausgerichtete, populäre Idee, die aber nicht alle Zeitgenossen überzeugen kann. Das Postulat von der All-Einheit ist nicht aufrecht zu erhalten. Denn es enthält einige offensichtliche Unstimmigkeiten und Ungereimtheiten. Es kann die alltäglich erlebten Widersprüche, Konflikte und Differenzen in der realen Welt nicht erklären.

Deshalb wird die Vedanta-Lehre auch von ihren Anhängern selbst immer wieder in Frage gestellt. Sie wird ergänzt, erweitert, abgewandelt und abgeschwächt, bis sie sich im Laufe der Jahrhunderte in sechs sehr unterschiedliche Schulen des Vedanta verzweigt.

Aber das alles kann ihren Einfluss auf das religiöse Leben nicht schmälern. Die Lehre vom All-Einen setzt sich in Indien erfolgreich durch – und ebenso in den meisten spirituellen Milieus des Westens.

Vedanta – religiöse Toleranz und politische Intoleranz

Das erdachte *Eine* wirkt wie ein einendes Dach über der religiösen Vielfalt des Hinduismus, wo alle Glaubenslehren ihre Daseinsberechtigung haben. Das ist eine religionsgeschichtlich einmalige, geniale Konstruktion, mit der alle zufrieden sein können. Sie bringt zwei gegensätzliche menschliche Bestrebungen zur Synthese: Sie sorgt zugleich für religiöse Autonomie *und* Verbundenheit. Die Menschen können weiterhin frei wählen, welchem der vielen Götter und welcher der vielen Göttinnen sie anhängen. Und gleichzeitig sind sie als Hindus miteinander verbunden durch das *eine Brahman,* das wie eine Art „unpersönlicher Gott" über die vielen, als Person vorgestellten Götter erhaben ist.

So sorgt Vedanta jahrhundertelang für Toleranz und religiösen Frieden – bis, um 1000 u.Z., die muslimischen Eroberer in Indien einmarschieren, Tempel und Klöster zerstören, Bibliotheken verbrennen und den

Hindus, auch den Gläubigsten, eine eigene „Ungläubigen"-Steuer abverlangen. Seitdem ist der Religionsfriede schwer gestört.

Die Vedanta-Lehre, die Einheit der Vielfalt, ist geeignet, uns Menschen – zumindest im religiös-kulturellen Bereich – über manche Differenzen und Streitigkeiten zu erheben. Sie verweigert sich dem Entweder-oder-Denken und verschreibt sich dem Sowohl-als-auch: „Krishna ist der höchste Gott, aber *Shiva* ist es auch". Vedanta weitet möglicherweise unseren geistigen Horizont und bringt viele sich widersprechende religiöse Strömungen in ein Konzept – und integriert sie in das hinduistische Weltbild. Alle Glaubensrichtungen haben da irgendwie ihren Platz.

Aber eine Idee wird nicht gewürdigt und hat im Hindu-Weltbild keinen angemessenen Platz: die Idee eines selbstständig denkenden, mündigen und selbstverantwortlichen Individuums, das die vorgegebenen Kastenpflichten auch mal in Frage stellt. Ein Beleg für diese These ist der bereits erwähnte Arjuna in der Bhagavadgita: Sein erwachtes Gewissen wird ignoriert. Sein praktizierter Eigensinn wird als Wahnidee diffamiert. Menschen, die individuell oder kollektiv, eigene Wege gehen, so wie die Buddhisten, sind eine Bedrohung für die Kastenordnung und werden nicht als „Rechtgläubige" anerkannt.

Vedanta fördert den patriarchalen Geist des Beherrschens

Die Yogis und Mystiker entdecken die Glückseligkeit der inneren Ruhe. Nun steigern sie sich noch weiter in sie hinein. Bis in das äußerste Sich-ruhig-stellen. Sie bewegen sich – vedantisch geprägt – von der lebendigen Welt weg und in die absolut ruhige Sphäre des reinen Geistes. Sie lösen das Geistige immer mehr vom Materiellen ab. Sie vergeistigen sich in ihrem Selbstverständnis. Sie unterscheiden zunehmend zwischen zwei Sphären:

zwischen dem höheren und wertvolleren Geistigen

und dem niederen, weniger wertvollen Materiellen/Lebendigen.

Neue patriarchale Ideale setzen sich durch: Die Bezwingung des Materiellen, Sinnlichen, Weltlichen. Der Sieg des Geistigen über das „bloß Körperliche". Das wirkt sich auch auf die spirituellen Leitbilder der

Yogis aus. Auf ihre tendenziell ablehnende Haltung dem Körper und dem Leben gegenüber:

> Als erstrebenswertes Ideal gilt allein dieses rein Geistige, das Göttliche, das Allerhöchste, das alles durchdringt. Es wird zur „wahren Wirklichkeit" erhoben und verklärt, weil es das *Unvergängliche* gilt.
>
> Alles *Vergängliche* hingegen, alles Natürliche, Lebendige, Körperliche, Sinnliche und Sexuelle, das in der Stammeskultur noch als heilig galt – das alles gilt jetzt als *Maya* (ursprünglich: die göttliche Mutter), als „Illusion", als „unwirklich" und minderwertig. Allein deshalb, weil es vergänglich ist. Es soll durch Yoga beherrscht, bekämpft, verwandelt und „überwunden" werden.

Dieser patriarchale Geist des *Beherrschens* und Überwindens erzeugt eine moralisch-fanatische Sinnes- und Leibverachtung – bis hin zur Weltverachtung und Lebensverneinung. Yogis und heilige Männer wollen die Natur in sich besiegen. Ihr Interesse wendet sich ab von der Vielfalt des Lebendigen und fokussiert sich – jahrhundertelang – ganz und gar auf das Absolute, auf das Verschmelzen mit dem fiktiven göttlichen Einen. Das führt uns zur Essenz der Bhagavadgita.

BHAGAVADGITA – YOGA DER HINGABE

Die Bhagavadgita/Gita – historisch-kritisch betrachtet

Die *Bhagavadgita*, kurz: die Gita, die heilige Schrift der Hindus, auch „indische Bibel" genannt, ist eine grandiose philosophisch-theologische Hymne. Sie stellt in 700 Versen die Vedantalehre und andere Lehren ausführlich vor – mit einer Fülle von poetisch-blumig ausgeschmückten Weisheiten.

Bei aller Erhabenheit dieser großartigen heiligen Schrift – auch sie ist nur Menschenwerk und muss sich, wie die Bibel seit über 200 Jahren, die heute übliche historisch-kritische Betrachtung und Durchleuchtung gefallen lassen. Dabei ist mir wohl bewusst, dass das für manche Gita-Anhänger*innen eine schmerzhafte Entzauberung bedeuten kann. Trotzdem will und muss ich jetzt den heiligen Text im sozialgeschichtlichen Kontext darstellen. Denn nur so können wir ihn angemessen verstehen.

In der Gita wird Yoga/Vedanta zum Kern einer neuen, vielfältigen hinduistischen Volksreligion: Das unpersönliche göttliche Eine erscheint personalisiert als Krishna – und in der Gestalt vieler unterschiedlicher, alter und neuer religiöser und spiritueller Strömungen. Die wichtigsten der damals verbreiteten Weisheitslehren werden dem Krishna in den Mund gelegt. So predigt er viele, aus westlicher Sicht sich widersprechende Lehren über Gott und die Welt: Animismus, Pantheismus, Polytheismus, Monotheismus, Dualismus und Atheismus, wobei der Yoga und sein theoretischer Überbau, *Samkhya*, auch ihren Platz haben.

Die bedeutendste all dieser Strömungen ist der Bhaktiyoga, die gläubige und liebevolle Hingabe an Krishna, die Inkarnation des Ordnungsgottes Vishnu. Gott Krishna will einerseits von seinen Anhänger*innen geliebt werden und muss andererseits aber auch „für Ordnung sorgen":

Er muss seinen Kameraden Arjuna ermahnen, als Angehöriger der Kriegerkaste seine Kriegerpflichten „ordentlich" zu erfüllen. Denn der empfindsame Arjuna zweifelt am Sinn des bevorstehenden Bruderkrieges und weigert sich, zu kämpfen. Mit diesem Konflikt beginnt die Gita. Wie kommt es dazu? Welche Geschichte steckt dahinter?

Das Epos Mahabharata erzählt die historischen Hintergründe

Bisherige Gita-Deutungen gehen immer davon aus, dass von den beiden Helden Arjuna der unwissende Schüler sei und Krishna der allwissende, göttliche Guru.

Das Studium des historischen Kontextes vermittelt uns allerdings ein ganz anderes Bild: Krishna ist spirituell nicht höher entwickelt und Arjuna nicht unterentwickelt. Sondern beide haben unterschiedliche soziale Hintergründe und folgen deshalb unterschiedlichen Wertesystemen, Leitbildern und Interessen. Das ist hier der entscheidende Konflikt.

Die Gita entsteht etwa um 300 v.u.Z. und wird dem populären, mythischen Nationalepos Mahabharata eingefügt. Es spielt etwa um 800 v.u.Z. in der Gangesebene – in der frühen Zeit des Übergangs von der Stammeskultur zur patriarchalen Kastenherrschaft, der sich über viele Jahrhunderte hinzieht – teilweise bis heute. Zu jener Zeit bilden die arischen Eroberer zwar die herrschende Kriegerkaste, aber sie leben immer noch in ihrer alten, matriarchal geprägten Sippenordnung. Epos und Gita sind zwar „nur" mythische Geschichten, aber sie erzählen uns viel und anschaulich vom damaligen kulturellen Wertewandel:

In dieser Übergangszeit verstehen die adeligen Krieger ihre soziale Vernetzung teilweise noch als Sippe und teilweise schon als Kaste.

Arjuna ist in seine mutterzentrierte Sippe noch stabil, gut geborgen, liebevoll und glücklich eingebunden und voll mit ihr identifiziert. Er fühlt sich mit ganzem Herzen als Angehöriger seiner Sippe und kämpft, wenn es sein muss, heldenhaft, um sie zu beschützen.

Krishna hingegen ist als Pflegekind entwurzelt, abenteuerlich und ohne stabile soziale Bindungen aufgewachsen. Und von Kindheit an ein Held und Einzelkämpfer. Dementsprechend findet er seine spätere soziale Heimat auch in der neuentstehenden Kriegerkaste, mit der er voll identifiziert ist. In ihr macht er Karriere – als Berufskrieger, Wagenlenker und Berater. Er fühlt sich durchweg als Vertreter der Kriegerkaste und findet seinen Halt im Kriegerdasein und in der Kriegerehre. Zugleich predigt er dem Arjuna, er solle in der Yoga-Lehre vom friedlichen Eins-sein seinen Halt zu finden. Und in *Bhakti*, dem neuen Yoga der liebevollen Hingabe. Wie er beides zusammenkriegt, werden wir sehen.

Die Botschaft der Gita: die Kastenordnung verinnerlichen

Das ist der Hintergrund des Disputs zwischen den beiden unterschiedlichen Helden, mit dem die Gita beginnt: Welche Werteordnung und welche moralischen Leitbilder sollen gelten? Noch die der Sippe, die Arjuna vertritt – oder schon die der Kaste, die Krishna vertritt?

Im Epos, um 800 v.u.Z., gelten noch weitgehend die Werteordnung und die Leitbilder der Sippe. Da wird eine noch sehr lebendige matriarchale Tradition beschrieben. Die Fürsten haben noch große Hochachtung gegenüber ihren Frauen und Müttern und gegenüber dem Leben, das sie hervorbringen.

In der Gita hingegen, um 300 v.u.Z., verkörpert und verkündet Krishna die wenig lebensfreundliche patriarchale Werteordnung. Er will sie mit all seiner suggestiven Sprachgewalt durchsetzen. Seine damals ganz neue Botschaft richtet sich natürlich nicht nur an Arjuna allein, sondern an alle Menschen. Sie sollen an die neue Kastenordnung gewöhnt werden, sie verinnerlichen und sich in sie einfügen.

Nicht nur Arjuna, sondern der damalige Mensch überhaupt, solle seine Stammesbindung loslassen und in der Kastenordnung den ihm zugewiesenen Platz ausfüllen, also seinem „gottgegebenen" *Dharma* folgen. Und sein Heil in der neuen Bhakti-Religion finden. Nicht nur Arjuna wird „umerzogen". Die Gita als Ganzes liest sich wie ein großes pädagogisches Projekt, das die Menschen jener Epoche umerziehen will – im Geist der neuen „göttlichen Ordnung".

Dieser sozialgeschichtliche Hintergrund ist entscheidend, um die Gita umfänglich zu verstehen.

Arjuna, der friedensbereite Freigeist – und Krishna, der Kriegsprediger

Die Gita beginnt mit dem bekannten kriegerischen Szenario aus dem Epos Mahabharata: Ein Bruderkrieg steht kurz bevor. Der kampferprobte Fürst und Held Arjuna lässt sich von seinem Wagenlenker Krishna zwischen die beiden aufgestellten, kampfbereiten Heere fahren, die beide um die Königsherrschaft kämpfen. Er verschafft sich einen Überblick über die Lage. Dabei schaut er nicht nur auf die eigenen Interessen und die eigene Partei, sondern auf das *Ganze*. Im gegnerischen Heer sieht er seine Verwandten, Freunde und seinen geliebten Lehrer Drona von der spirituellen Kriegerschule.

Sie zu töten, das wäre für ihn ein unerträgliches Unrecht. Da erwacht sein moralisches Empfinden, sein Gewissen. Er verliert seinen Kampfgeist, ist verzweifelt und bricht zusammen. Er zittert am ganzen Leib und weigert sich, gegen seine eigene Sippe zu kämpfen. Sogar in diesem aufgelösten Zustand hält er noch ein vernünftiges und engagiertes Plädoyer für den Erhalt der Sippe: Auch wenn seine Partei siegen sollte, so könne er – blutbefleckt und schuldbeladen – nie wieder glücklich sein. Das sieht er weise voraus. Deshalb ist er sogar bereit, auf die Königsherrschaft zu verzichten und – wie vor ihm schon Buddha und tausende andere – Wanderbettler zu werden.

Dieses „Aussteigen" kann Krishna auf keinen Fall zulassen, denn zu jener Zeit gibt es – aus der Sicht der Herrschenden – schon bedrohlich viele „Aussteiger", vor allem die Buddhisten und Jainas. Gegen ihr systemgefährdendes „Nichts-tun" richtet sich auch Krishnas neue Lehre vom *Tun – Karmayoga*:

> „Du musst nicht unbedingt meditieren! Du kannst auch in Deiner täglichen Arbeit Frieden und Erlösung finden…!"

Krishna kann und will Arjunas Motive nicht verstehen und nicht akzeptieren. Er übergeht den menschlichen Konflikt seines Kameraden und erhebt sich in die übermenschliche Sphäre des *Brahman*, in der es keine Konflikte mehr gibt. Er schwingt sich vom irdischen Kutscher zum göttlichen Coach auf, demütigt Arjuna als „Versager" und macht ihm Angst, er könne „seinen guten Ruf verlieren". Er predigt ihm von der göttlichen Warte herab und drängt ihn ungeduldig zum Kampf um die Königsherrschaft. Wenn er kämpfe, werde ihm das „Tor zum Himmel geöffnet".

Krishna gebärdet sich als der spirituell Allwissende, nutzt Arjunas Krise und Hilflosigkeit aus und zeigt ein Verhalten, das man heute „spirituellen Machtmissbrauch" nennt. Dieses Muster kann man in der heutigen spirituellen Szene bei so manchen Lehrern und Gurus erleben, so als würden sie sich Krishna zum Vorbild nehmen.

Die Lehren der Gita – Krishnas Predigt

Krishna lehrt sinngemäß Folgendes, und das ist der Beginn und auch der Kern der Gita:

> Du musst kämpfen! Tu, was zu tun ist, ohne Dich um Erfolg oder Misserfolg zu kümmern. Ohne ein bestimmtes Ergebnis zu erwarten. Das ist der Weg des *Karmayoga*! Du musst handeln! Ohne Handeln kann niemand überleben.
> Also, ziehe in den Krieg wie ein guter Yogi – mit innerer Stärke und Ruhe, mit Gleichmut und Gelassenheit! Und töte! Ohne Schuldgefühle. Denn Du tötest ja „nur den Körper“. Der ist ohnehin vergänglich. Der unzerstörbare Geist jedoch, das ewige Eine, das *Brahman*, das besteht ja immer weiter.
> Also – sorge Dich nicht und trauere auch nicht um die Toten. Ihr Tod ist sowieso vorherbestimmt. Bilde Dir nicht ein, Du könntest daran etwas ändern. Die Vorstellung, Dein kleines Ich könnte da etwas bewirken, ist nur eine Wahnvorstellung. Gib Dein Ich auf! Und folge mir! Geh den Weg des *Bhaktiyoga*! Konzentriere Dich ganz auf mich, gib Dich mir hin. Werde eins mit mir, werde eins mit dem Brahman! Ich bin das Brahman, bin Dein Gott, ich werde Dich erlösen! Also – beruhige Dich, und ziehe in den Krieg – wie ein richtiger Yogi!
>
> Denk nicht nach und zweifle nicht,
> tu einfach Deine Kriegerpflicht!

Der kriegerische Geist der Gita – schwer zu beschönigen

Das ist – in knappster und zugespitzter Form – die eigentliche, die hinter vielen edlen Versen halbverborgene politische Botschaft der Bhagavadgita. Sie enthält eine damals völlig neue Ideologie, die offensichtlich im Interesse der Kriegerkaste entwickelt und von der Priesterkaste abgesegnet wurde.

Krishna benutzt das Vokabular des Yoga und erscheint wie ein eifriger Verfechter des Yoga. Aber er unterschlägt den Kern der ursprünglichen, freigeistigen Yogalehre: den Geist der *Selbst*-Erfahrung und *Selbst*-Bestimmung, den Geist der Gewaltlosigkeit und des Mitgefühls. Er verdreht diese Lehre in ihr genaues Gegenteil.

So kann die Kriegerkaste die spirituelle Friedenslehre des Yoga für ihre kriegerischen Interessen instrumentalisieren und sogar für den Bruderkrieg missbrauchen. Sie erzwingt – mit Hilfe von Vedanta – die Vereinigung von zwei bisher unvereinbaren Positionen zu einer unvorstellbaren Botschaft:

„Kämpfe und töte – wie ein Yogi –
mit Gleichmut und Gelassenheit!"

Diese Parole erinnert auf gruselige Weise an den NS-Propagandaminister Josef Goebbels, der 1945, kurz vor Ende des Krieges, an die Soldaten appelliert: Ihr werdet in diesen Kampf gehen „wie in einen Gottesdienst".

Der politische Missbrauch der Religion wird in beiden Appellen auf krasse und beklemmende Weise deutlich. Ich finde – wie viele andere auch – diese menschenverachtende, zynische Botschaft der Gita skandalös und empörend. Jedenfalls aus unserer heutigen Sicht. Bei sensiblen und geistig offenen Menschen stößt sie vielfach auf Ablehnung.

Deshalb war es opportun, als die Gita sich im Westen verbreitete, ihre harte Botschaft „weichzuspülen", um ihr ein gefälligeres und akzeptableres Image zu geben. Das taten um 1900 die Theosophen. Sie verbreiteten die verharmlosende und beschönigende Idee, dieser Krieg sei ja „nur ein Symbol" für den *inneren* Kampf, den wir zu führen haben – gegen unsere *innere* Natur. Er sei ein Symbol für den Kampf zwischen dem Guten und dem Bösen in uns, zwischen dem „höheren" Geistigen und dem „niederen" Körperlichen.

Dabei wird der Kampfwagen mit dem Körper verglichen, Arjuna mit der Seele, und der Wagenlenker, Krishna, mit dem höchsten Geist. Das Geistige gilt als höchster Wert – und Seelisches, wie etwa Mitgefühl und Trauern, als minderwertig. Noch minderwertiger ist das Körperliche.

Diese Erzählung wird, um die Ehre und Heiligkeit der Gita zu retten, auch heute allgemein verbreitet und ist weithin akzeptiert. Aber sie ist eine Rationalisierung, eine Beschönigung, die leicht zu durchschauen ist. Die harte Ideologie der Gita wird verleugnet, weil sie für sensible Gemüter schwer zu verdauen ist. Dabei dürfte uns diese ideologische Härte eigentlich bekannt sein. Sie begegnet uns in allen patriarchalen Religionen. Da waren – und sind bis heute – Gläubigkeit und Grausamkeit eng verflochten.

Die theosophische Lehre, es gehe nur um den Kampf gegen unsere innere Natur, ist für mich wenig überzeugend – und außerdem ist sie auch nicht gerade menschenfreundlich.

PATANJALI – RÜCKKEHR ZUM URSPRUNG

Der heilige Kern des Yoga – verschüttet und wieder freigelegt

Diesen historischen Rückblick beschließe ich mit dem ernüchternden, etwas zugespitzt formulierten Fazit: Im Lauf der Jahrhunderte hat sich der Yoga einige Male grundlegend gewandelt. Er entstand einst als der *heilige Kern* einer freigeistigen stillen Protestbewegung, die sich von staatlicher und religiöser Herrschaft abwandte und friedliche Lebensformen praktizierte.

Dann aber schafften es die Herrschenden, den Yogis diesen *heiligen Kern* zu entwenden und seine Bruchstücke zu nutzen. Mit ihnen schufen sie eine neue, herrschaftskonforme Religion, die sich fest etablierte: den Hinduismus. In seinem Zentrum steht die Vedanta-Lehre. In ihr blieben von den einstigen Yogi-Erfahrungen fast nur noch Erinnerungen übrig – große Ideen und große Worte.

Aus ihnen konstruierten die Brahmanen das brillante theologische Gedankengebäude von der All-Einheit. Es wurde – bis heute – zur theoretischen Grundlage, um in der konfliktreichen Lebenspraxis die große Harmonie des Universums zu beschwören. Dieses harmonische Bild hat schon vielen Menschen geholfen, geistige Weite und inneren Frieden zu finden. Es hat auch dafür gesorgt, dass der Hinduismus seine Vielfalt und Toleranz und seinen einzigartigen Religionsfrieden weitgehend bewahren konnte.

Der *heilige Kern* des ursprünglichen Yoga wurde dabei allerdings ziemlich verschüttet, missbraucht und entstellt. Aber er ging nicht verloren. Er kann nicht verloren gehen, weil jeder Mensch ihn in sich trägt: die Sehnsucht nach Stille und Frieden, aber auch nach Stimmigkeit und Wahrheit.

Immer wieder kommen Freigeister, zu denen auch ich mich rechne, die ihn in sich spüren und in langen inneren Prozessen wieder freilegen. Doch damit dieser Kern sich frei entfalten, wachsen und gedeihen kann, brauchen wir Inspiration und Unterstützung durch andere Freigeister. Einer, der besonders dafür taugt, ist Patanjali.

Patanjali – der Humanist und Reformer

Ich versuche mir vorzustellen, in welcher religiösen und spirituellen Landschaft Patanjali gelebt haben mag: Welche Ideen und Lehren mögen ihn geprägt haben.? Ob er die Gita gelesen hat? Und ob er sich von ihr möglicherweise empört abgewandt hat? Und was ihn vielleicht motiviert hat, seinen ganz eigenen Weg zu gehen – *kaivalya*, das innere Freisein von allen Verstrickungen und Fixierungen.

Patanjali hat die Vedantalehre und die Gita höchstwahrscheinlich gekannt, auch wenn er das Wort *Brahman* im Yogasutra kein einziges Mal erwähnt. Seine geistige Haltung spricht dafür, dass er sich mit den herrschenden religiösen Yogalehren auseinandergesetzt hat, ohne das explizit kundzutun. Er geht – mit fast schon demonstrativem Schweigen – gar nicht auf sie ein. Er gibt ihnen keinen Raum und keine Energie. Aber wenn man diese Schriften kennt, dann liest sich das Yogasutra wie ein nüchtern-sachlicher und kritischer Gegenentwurf zu den brahmanischen Lehren. Patanjali greift sie nicht an und wertet sie nicht ab. Er setzt ihnen nur – einfach und souverän – seine eigene Botschaft entgegen.

Mit der entschiedenen Klarheit eines Aufklärers und Reformers tritt er auf die philosophische Bühne seiner Zeit. Er beschreibt selbstbewusst, nachvollziehbar und überzeugend seinen eigenen, konträren Standpunkt – ohne Polemik gegen die anderen Lehren. Und ohne für die eigene zu schwärmen oder gar zu missionieren.

Er entrümpelt, ähnlich wie vor ihm schon Buddha, die religiös befrachteten Yoga- und Meditationslehren. Er befreit sie von ideologischem Ballast – und legt ihren ursprünglichen, freigeistigen *heiligen Kern* wieder frei. Und gibt ihm eine ganz neue Gestalt.

Die Brahmanen hatten das universelle, göttliche Brahman in den Mittelpunkt ihres Weltbildes gestellt – und der einzelne kleine Mensch galt nichts – ähnlich wie im christlichen Mittelalter. Patanjali hingegen stellt den einzelnen Menschen wieder in den Mittelpunkt und gibt ihm seine Würde zurück – ähnlich wie der europäische Humanismus um 1500 u.Z., im Übergang vom Mittelalter zur Neuzeit.

Patanjali zeigte den Menschen seiner Zeit einen Weg von der Theologie zur Psychologie und zu einem neuen tiefenpsychologischen Yoga. Den Weg von der Sphäre des bloßen Glaubens zur Praxis des genauen Hinschauens und Hinfühlens. Den Weg von der Fremdbestimmung zurück zur uryogischen Selbstbestimmung und Selbstbetrachtung.

Und für unsere heutige Yogapraxis ist besonders wichtig: Patanjali`s Yogasutra ist – durch sein duales Menschenbild – anschlussfähig an die dual ausgerichtete westliche Psychologie. Dadurch sind beide miteinander kompatibel, wie wir noch sehen werden. Sie können einander hilfreich unterstützen und ergänzen. So trägt das Yogasutra auch bei zur theoretischen Fundierung eines psychotherapeutischen Yoga, einer spirituellen Psychotherapie. Solch eine Erweiterung, Bereicherung und Vertiefung des Yoga ist schon seit längerem im Gange. Dieser Prozess kann sicher gefördert werden, wenn das Yogasutra – durch eine verständlichere Übersetzung – weiteren Kreisen zugänglich gemacht wird.

Über die Kunst, das Yogasutra zu übersetzen

Wie ich Patanjali immer näher kam

Als ich das Yogasutra vor etwa 50 Jahren kennenlernte, war ich beeindruckt und begeistert von seiner Einfachheit und Klarheit, aber abgeschreckt von der sprachlichen Form der deutschen Übersetzungen, bei denen die ursprünglich sehr einfache Botschaft nicht wirklich „rüberkam“. Denn sie waren – und sind teilweise bis heute – vielfach in einem nebulösen, abgehobenen, gekünstelten, und holprig-sperrigen Deutsch verfasst – fernab von einer verständlichen Umgangssprache, die uns menschlich anspricht.

Beispielsweise heißt es (in I/19) über das gedankenstille Einfachdasein – *samadhi*:

> „Dieser *samadhi*....wird zur Ursache der Wiederverkörperung der Götter und jener, die in die Natur eingehen.“
> Und das gleiche Sutra in einer anderen Übersetzung:
> „Die Bewältigung derer, die körperlos in die Urmaterie versinken...“

Da kann man nur noch rätseln.

Solche geheimnisträchtigen Formulierungen erweckten bei mir – und bei vielen anderen Leser*innen auch – den Eindruck, als gehörten die Inhalte des Yogasutra zu einer völlig anderen, uns fremden Welt. Als würde Patanjali unerreichbare meta-physische Ziele formulieren, die uns dieser physischen Welt entheben sollen. Als hätte seine Lehre nichts mit uns Normalsterblichen zu tun und würde uns nichts angehen. Ich musste erleben, wie solche Sprachbarrieren vielen Menschen den Zugang zum Verständnis dieses wertvollen Textes erschwerten.

Mein daraus entstandenes Unbehagen spornte mich 1975 an, das Yogasutra selbst aus dem Sanskrit ins Deutsche zu übersetzen. Diese Übersetzung musste ich dann noch einige Male überarbeiten, da ich neue spirituelle Erfahrungen machte. Ich bemühte mich, Worte und Bilder zu finden, die an das anknüpfen, was viele spirituelle Menschen im Westen heute inzwischen auch erfahren haben. Ich bemühte mich um bildhafte Vorstellungen, die helfen, etwas bereits Erlebtes zu erinnern und wieder hervorzurufen. So brachte ich das Yogasutra in eine verständliche und ansprechende Sprache, die meine Leser*innen geistig und auch seelisch berührte.

Heute ist Patanjali mir noch viel vertrauter als damals. Denn die Erfahrung der friedvollen Gedankenstille, die er beschreibt, habe ich inzwischen auch machen dürfen – wie so manche andere in der heutigen spirituellen Szene. Bei vielen seiner Sutras kann ich sagen: „Ja, das kenne ich, genauso erlebe ich das auch. Das übersetze ich heute *so* und *so*…"

Übersetzungen wandeln sich mit dem Zeitgeist

Literaturkenner wissen: Jede Generation spricht ihre eigene Sprache, hat ihre eigenen Erfahrungen und ihre eigene Art, die Welt und sich selbst wahrzunehmen und zu beschreiben. Deshalb muss jede Generation, jede Epoche, einen alten Text neu übersetzen, muss ihn sich ganz neu aneignen. Es geht also darum, für die heutige Generation der spirituell Suchenden eine angemessene, ansprechende und stimmige Sprache zu erarbeiten. Denn der Zeitgeist und die Sprache des spirituellen Milieus haben sich weiterentwickelt. Und dementsprechend wandeln sich auch die Übersetzungen des Yogasutra.

Das möchte ich veranschaulichen mit dem bereits zitierten zweiten Lehrsatz des Yogasutra, I/2, der definiert, was Yoga bedeutet – und ähnlichen Sätzen. In der noch sehr autoritär geprägten Epoche – vor 1968 – werden sie meist noch so übersetzt, als beschrieben sie einen Kampf gegen das eigene Selbst: Man solle die störenden seelisch-geistigen Regungen, die *Vrittis, Samskaras* und *Kleshas*, „unterdrücken, bezwingen, besiegen, unterwerfen, bewältigen, beherrschen, vernichten".

In heutigen Übersetzungen klingen diese Sätze freundlicher und stimmiger. So wird Sutra I/2 gewöhnlich übersetzt mit: die Gedanken „zur Ruhe bringen". Ich erlebe es sogar so, dass ich das nicht direkt *machen*, sondern nur *zulassen* kann und übersetze es deshalb als: die Gedanken „zur Ruhe kommen lassen".

Ein ähnliches Beispiel: Die Praxis des *Samyama* (Kap. III/4 ff.), das „Sich versenken in…." – in seinen Herzraum, den Nabelbereich, seine Vorstellungen, seine inneren Prägungen – ist für Patanjali „der Kern des Yoga" und nimmt im Yogasutra viel Raum ein. P. Deussen übersetzt (1908) *samyama* mit „Allzucht" und der NS-affine J.W. Hauer (1932/1958) mit „Gesamtzügelung" oder „Gesamtzucht". So als ginge es im

Yoga um ein Sich-in-die-Zucht-nehmen.

In diesem Geist von „Zucht und Ordnung" empfiehlt noch 1988 der einflussreiche belgische Yogi André van Lysebeth, in seinem erfolgreichen Buch „Yoga für Menschen von heute" (S. 25): „Der Hatha-Yogi erstrebt einen Körper, hart wie Stahl…."

In solchen an die NS-Zeit erinnernden, markigen Formulierungen zeigt sich noch der in den Yoga eingesickerte altdeutsche patriarchale Geist der Härte und des Beherrschens. – Aber er wird erfreulicherweise seit einigen Jahrzehnten allmählich aufgeweicht. Heute gehen spirituelle Menschen mit ihrer inneren Natur und ihren seelisch-geistigen Regungen viel freundlicher, akzeptierender und versöhnlicher um. Das schlägt sich auch in den Übersetzungen nieder.

Das Übersetzen – ein Vermitteln

Als Übersetzer bin ich genötigt, zwischen zwei oft gegensätzlichen Positionen die Mitte zu finden, was nicht immer leicht ist: einerseits will ich dem Urtext gerecht werden und andererseits soll er von meinen Leser*innen verstanden und gefühlt werden. Eine Yogalehrerin beispielsweise, die sich schon länger mit Patanjali beschäftigt und andere Übersetzungen kennt, kommentierte meine Übersetzung so:

> „…Ich kann nur sagen, dass Deine Übersetzung die einzig taugliche für mich ist, die ich…auch interessierten Yogaschülerinnen empfehlen würde…. Bei anderen Übersetzungen….bekam ich sehr schnell einen Knoten in den Kopf...alles wirkte so verwirrend ... kompliziert und undurchdringlich....so dass ich mir blöd und unwissend vorkam, und klein gegenüber diesen großen Worten. Ich dachte immer, es liegt an mir.
> Jetzt verstehe ich zum ersten Mal, was da gemeint ist…
> Jetzt fühle ich mich angesprochen…
> Was da steht, kann ich auch in mir fühlen ...
> Ja, ich kann nachfühlen was gemeint ist ...
> Ich finde, Eure langjährige Erfahrung ist beim Lesen spürbar."

Solche und ähnliche Rückmeldungen bekomme ich öfter. Sie bestärken mich darin, der Verständigung mit meinen Leser*innen ebenso viel Beachtung zu schenken, wie der möglichst genauen Wiedergabe des Urtextes. Deshalb frage ich mich bei jedem einzelnen Sutra: Welches Erleben wird Patanjali hier wohl gemeint haben? *Kenne ich das?* Wie erlebe *ich* das? Und wie *beschreibe* ich es, damit meine Leser*innen sich darin wiederfinden können: „Ja, so erlebe ich das auch!"

Dabei inspiriert mich auch die flexible Art, in der christliche Missionare die Bibel für indigene Völker übersetzt haben. So bekamen beispielsweise die Eskimos/Inuits, die kein Brot kannten, zu hören oder zu lesen: „Unseren täglichen Fisch gib uns heute!"

Patanjali von den transzendenten Höhen auf die Erde bringen

Warum sind manche Übersetzungen so schwer zu verstehen? Ein Grund scheint mir zu sein: Viele Übersetzer*innen neigen dazu, diese außergewöhnlichen irdischen Erfahrungen, weil sie außergewöhnlich sind, möglichst so darzustellen, als gehe es um etwas Überirdisches, etwas „Transzendentes", Ehrfurchtgebietendes. Um etwas „Höchstes" und „Absolutes", um ein „Verschmelzen mit dem *Einen*". Solche abgehobenen, überhöhten und oft nebelhaften Übersetzungen deuten darauf hin, dass sie, wie schon erwähnt vom non-dualen Geist des Vedanta stark eingefärbt sind, so dass der einfache, irdische Geist des Patanjali nicht mehr zu den Leser*innen durchdringen kann.

Das zeigt sich beispielsweise auch bei der Übersetzung von *Viveka*. Bei Patanjali bedeutet es, klar zu unterscheiden: Jetzt ist mein Geist still, jetzt ist er wieder rege. Jetzt ist er betrachtend, und jetzt betriebsam. Vedanta-beeinflusste Interpret*innen hingegen erheben die Stille gerne zum „Ewigen" und die Regungen zum „Vergänglichen". So machen sie aus *Viveka* den Unterschied zwischen ewiger, wahrer „Wirklichkeit" und vergänglichem, bloßem „Schein". So erheben sie diesen zentralen Begriff des Yogasutra von der empirisch-psychologischen Ebene auf eine spekulativ-transzendente Ebene und siedeln ihn dort an, wo ihn Patanjali sicher nicht haben möchte.

Ich bemühe mich, solche Lehrsätze aus den unerreichbaren, transzendenten Höhen wieder herunter zu holen und sie meinen Leser*innen zugänglicher zu machen. Also übersetze ich sie so, dass man/frau sie mit etwas Vertrautem, bereits Erfahrenen in Verbindung bringen kann. Mit etwas, das die meisten von uns kennen und schon einmal erlebt haben.

So beispielsweise die Erfahrung, dass es zwischen den Gedanken Lücken gibt, Zwischenräume, die als Gedankenstille, als ein „freier Kopf" erlebt werden. Das ist etwas sehr Irdisches, Psychisches und wird von Patanjali auch so verstanden. Wenn der Kopf leer ist, dann lässt er die Leere auch leer sein.

Jede Übersetzung ist persönlich gefärbt

Wenn ich einen Lehrsatz des Yogasutra übersetze, dann habe ich etwa ein Dutzend andere Übersetzungen um mich herum liegen. Wenn ich sie miteinander vergleiche, dann muss ich feststellen, dass sie vielfach extrem voneinander abweichen. Denn diese 195 Sutras sind in sehr knappem Sanskrit verfasst, und einzelne Sätze enthalten, rein grammatisch, oft mehrere Übersetzungsoptionen. Und fast nur mehrdeutige Begriffe, so dass sich für die Übersetzer*innen ein enorm weiter Deutungs-Spielraum ergibt.

Er wird von den meisten ausgiebig genutzt – und natürlich auch von mir. Eine absolut „korrekte" oder gar „wörtliche" Übersetzung ist prinzipiell gar nicht möglich, da wir für ein Sanskritwort oft sehr unterschiedliche deutsche Wörter zur Auswahl haben.

Beispielsweise kann *vikalpa*, das bei Patanjali negativ konnotiert ist (in I/9), vieles, sogar Konträres bedeuten: Von begrifflichem, logischen Denken über Zweifeln, Nachdenken, Vorstellungen bis Einbildung und Fantasie. Die meisten geben *Vikalpa* mit (bloße) *Vorstellungen* wieder und meinen das negativ, so als wären unsere Vorstellungen bloße Einbildungen/Illusionen und hätten grundsätzlich keine reale Grundlage. Diese Position scheint auch stark vom *Vedanta* beeinflusst. Denn solch eine geist-feindliche Position vertritt Patanjali nicht. Er unterscheidet ja (in I/7-8) ausdrücklich zwischen richtigen und falschen Vorstellungen. Und er betont (in II/20), dass wir die Vorstellungen brauchen, um überhaupt wahrnehmen zu können. Also würdigt er das Erkennen mit Hilfe von Vorstellungen.

Ich wähle für *Vikalpa* ein Wort, das die beiden Extreme – Logik und Fantasie –zusammenfasst: *Spekulationen*, also begriffliche Konstrukte, die logisch erscheinen, aber einer Wunschfantasie entspringen. Darauf komme ich, wenn ich mich in Patanjali`s Denken einfühle – und in seine ablehnende Haltung gegenüber spekulativer Philosophie. Also heißt das Sutra bei mir:

Spekulationen stützen sich
auf das Wissen von Worten
und haben keine reale Grundlage. (I/9)

Meine Übersetzung – von meiner Biografie gefärbt

Alle Übersetzer*innen verstehen, interpretieren und kommentieren das Yogasutra auf ihre eigene Art. Je nach persönlichem Standpunkt – und biografischem Hintergrund.

Auch meine Übersetzung und mein Kommentar haben natürlich ihre Eigenheiten – auf Grund meines sehr eigenen Werdegangs. Auch wenn ich mich noch so sehr um „Objektivität" bemühe – ich bin mir bewusst, dass dieser persönliche, biografische Hintergrund meine Übersetzung maßgeblich mitbestimmt. Und das ist auch gut so, denn meine spirituellen Erfahrungen helfen mir enorm, den Urtext angemessen wiederzugeben.

Ich kann und will diese persönlichen Färbungen nicht ausschalten. Aber ich halte es für erforderlich, sie transparent zu machen. Meine Leser*innen sollen wissen, wie ich zu der geistigen Position komme, von der aus ich Patanjali präsentiere. Dazu muss ich etwas von meinen spirituellen Erfahrungen erzählen. Denn sie beeinflussen ja die Art, wie ich die spirituellen Erfahrungen aufnehme und verstehe, die Patanjali beschreibt.

Mein spiritueller Werdegang bescherte mir das Privileg und das Glück, dass ich das erleben durfte und täglich erlebe, was im Yogasutra verheißen und beschrieben wird: Samadhi und Viveka. Dafür bin ich dem Leben unendlich dankbar. Aber – um da hinzukommen, musste ich meinem Seelenraum viel Zeit und Zuwendung widmen. Ich musste mich mit vielen leidvollen *Samskaras* und Kleshas herumärgern, sie mühsam auflösen und verwandeln, um meinen Seelenraum einigermaßen freizuräumen, sodass die Gedankenstille eintreten konnte. – Wie kam ich zu diesem Glück, diesem Privileg?

Wie ich einen neuen, kritischen Blick auf die Yogatradition bekam

Nachdem ich mein – recht provinzielles – Lehrerstudium gut beendet hatte, 1967, in der Zeit des allgemeinen geistigen Erwachens und jugendlichen Aufbruchs, wollte ich keinesfalls in den Schuldienst gehen. Ich musste mir erst einen alten Kindheits- und Jugendtraum verwirklichen: Ich reiste auf dem Landweg nach Indien – per Anhalter. Daraus wurde eine 15-monatige Bildungs- und Erlebnisreise durch ganz Südasien. Ich verliebte mich in eine Inderin, lebte in indischen Familien und lernte das Land sozusagen von innen heraus kennen. Ich vertiefte und verliebte mich derart in die indische Kultur, dass manche eurozentrischen Denk- und Verhaltensweisen von mir abfielen. Ich hatte einen großen Bildungshunger und wollte meine Indien-Erfahrungen geistig verarbeiten und erweitern.

Also studierte ich an der Frankfurter Uni ein zweites Mal, diesmal kosmopolitischer und mit weiterem Horizont – vor allem Indologie (acht Jahre Sanskrit) und kritische Gesellschaftswissenschaften („Frankfurter Schule").

Diese spezielle Fächer-Kombination eröffnete mir einen ganz neuen Blick auf die spirituellen Texte, die ich las und die ich aus dem Sanskrit übersetzte: Ich konnte sie nicht mehr traditionsgläubig-naiv wiedergeben. Ich lernte, sie, wie schon dargestellt, ganzheitlich zu verstehen, im gesamtgesellschaftlichen Zusammenhang. So wurde ich sensibilisiert, auch die in heiligen Schriften verborgenen Machtinteressen und herrschaftlichen Ideologien aufzuspüren. Ich lernte zu unterscheiden: Wollen sie, wie die Bhagavadgita, die Leser*innen (früher: die Zuhörer*innen) zu gläubigen, angepassten Menschen erziehen? Oder, wie das Yogasutra, zu eigenständig Denkenden und Erkennenden?

So war ich intensiv damit beschäftigt, die konflikthafte Yogatradition umfänglich zu verstehen. Ebenso damit, mich selbst zu verstehen – und meine inneren Konflikte:

Wie ich vom Yoga zur Körperpsychotherapie kam

Zu jener Zeit verstärkte sich ein seelisches Leiden, das mich seit meiner Schulzeit quälte: Ein von innerer Unruhe angetriebenes, zwanghaftes Kopfkratzen. In einer psychoanalytischen Vorlesung wurde mir bewusst, dass dieses neurotische Symptom eine auto-aggressive seelische Störung ist: Einen alten, in mir gespeicherten Hass richtete ich gegen mich selbst. Er war Ausdruck von unverarbeiteten Traumata aus meiner Kindheit in der Kriegs- und Nachkriegszeit. Diesen Zusammenhang erwähnt auch Patanjali:

Hassen entsteht, wenn wir
erfahrenem Schmerz verhaftet sind. (II/8)

Mit der Erwartung, meine innere Unruhe und mein lästiges Symptom zu überwinden, suchte ich 1970 Hilfe und Heilung beim Hathayoga. Er tat mir gut. Durch einen sanften, einfühlsamen Übungsstil erlebte ich bald einen wohltuenden Wärmestrom/Energiestrom, der meinen Körper erfüllte und zeitweise beruhigte. Ich bekam ein ganz neues Körpergefühl und ein erhebendes, neues Selbstgefühl. So wurde ich ein begeisterter Yogaanhänger und auch Yogalehrer.

Doch bald musste ich auch die Begrenztheit des Yoga anerkennen: Auch nach fünf Jahren eifrigen Übens konnte Yoga mein traumabedingtes Symptom nicht nachhaltig vertreiben, sondern immer nur kurzfristig ruhigstellen.

Trotzdem brauchte ich lange, bis ich einsehen und akzeptieren konnte, dass in mir eine unbewusste Macht am Wirken ist, die sich all meinen yogischen Beruhigungsstrategien widersetzt. Und dass ich über Yoga hinaus noch etwas anderes brauchte. Ich musste meinem Trauma auf den Grund gehen, musste erst die Geschichte des traumatisierten Kriegskindes in mir anhören, durchfühlen, verstehen – um sie dann dynamisch-kathartisch ausdrücken zu können.

Das gelang mir erst mit Hilfe der Körperpsychotherapie, mit Biodynamik und sanfter Bioenergetik, die in der Tradition des abtrünnigen Freud-Schülers Wilhelm Reich (1897-1957) entwickelt wurden. Diese Methoden haben meinen Yogaweg derart bereichert und erweitert, dass ich ihre wesentlichen Merkmale knapp skizzieren möchte. Das wichtigste ist:

Die Körperpsychotherapie geht, wie alle Psychotherapien, von einer banal erscheinenden Grundlage aus: Wir Menschen sind soziale Wesen. Wir erleben unsere Traumata zumeist in sozialen Situationen – und brauchen deshalb heilsame soziale Situationen, um sie zu heilen. Als Vereinzelte/r auf der Yogamatte in einsamer Selbstkontrolle zu üben – das reichte, zumindest bei mir, nicht mehr aus. So musste ich mein Wunschbild vom Yoga als Allheilmittel mit Wehmut verabschieden.

Doch der Verlust dieses Ideals wurde auf heilsame Weise ausgeglichen. Ich brach aus meiner yogischen Isolation aus und lernte, mich mit all meiner Not anderen anzuvertrauen. Ich begriff, dass die Selbstkontrolle, ein Grundprinzip des Yoga, mich daran hinderte, alte Muster und Traumata wirklich loszulassen. Um meine seelischen Altlasten wirklich loszulassen, brauche ich – als Kompensation – eine Sicherheit, einen seelischen Halt. Den kann ich mir aber nicht selbst geben. Es muss ein sozialer Halt sein, den mir andere geben. Das yogische Konzept der Selbstheilung und Selbst-Erlösung kann offensichtlich nicht funktionieren, weil es verleugnet, dass wir Menschen einander brauchen.

Wie ich meinen Seelenraum freiräumte – und Raum schuf für die Stille

In der Körperpsychotherapie arbeiten wir mit Partner*innen in einer vertrauensvollen Atmosphäre der Geborgenheit. Ich werde „behandelt", kann tief entspannen, kann die Kontrolle loslassen und mich hingeben. In mir verschwinden die Gedanken. Ich sinke immer tiefer und tauche ein in die Welt der Bilder, der Körperempfindungen und Körpererinnerungen. Allmählich entwickelt das Naturgeschehen in mir seine Eigendynamik. Es ist so, als würde ich mit *Prana* vollaufen und plötzlich überlaufen. Die überlaufende Energie schwemmt unbewusste Erinnerungen ins Bewusstsein. Meine Energieströme schwellen derart an, dass sie alle Kontroll-Dämme durchbrechen.

Das traumatisierte Kind in mir erwacht, nimmt sich Raum und übernimmt die Regie. Endlich kann es sein Leid, seine alten Ängste, seinen Schmerz und seine Wut kraftvoll ausdrücken. Unerwartete, befreiende

Schreie kommen aus den Tiefen meiner Seele. Endlich kann ich, angetrieben vom verletzten inneren Kind, die jahrelang zurückgehaltenen, mich bedrückenden und lähmenden Gefühle der Kindheit und Jugendzeit hemmungslos aus mir rausschreien, -zittern, -schlagen, -strampeln und -toben – jenseits der üblichen Kontrollschranken, aber mit voller Bewusstheit und mit Respekt gegenüber den Anwesenden. Ich kann alte, verhasste Autoritäten anschreien, imaginär wegtreten und von meiner inneren Bühne verjagen.

Nach solch einer emotionalen Reinigung kann ich *einfach da* sein und die neu strömende Energie genießen: die befreite Kehle, die offenen Kanäle und den leeren Kopf. Mein Seelenraum fühlt sich so freigeräumt an, dass der Zustand des Meditierens ganz von alleine eintritt. Das Meditieren fiel mir immer leichter, denn das Aufräumen auf meiner inneren Bühne war die beste Vorbereitung, um innere Ordnung, Ruhe und Gedankenstille herbeizuführen.

Solche kathartischen Heilungsprozesse musste und durfte ich viele Male durchleben – in einem Zeitraum von etwa 25 Jahren. Mein Leid konnte ich dynamisch-kathartisch ausdrücken – so ähnlich wie *Shiva* und die erwähnten "Ur-Yogis" es taten. Diese noch ungezähmten Yogis wussten es noch – und die Körperpsychotherapie, die ich erfuhr, weiß es heute wieder, dass es nicht ausreicht, die Traumata nur still zu betrachten und zu hoffen, dass sie sich dadurch transformieren. Das Leid – Angst, Schmerz, Hass – will sich und muss sich energetisch und leidenschaftlich ausdrücken. Dazu müssen wir erfahrungsgemäß auch zum Ursprung des Leidens zurückkehren.

Patanjali – der Urvater einer spirituellen Psychotherapie

Ob Patanjali von der Notwendigkeit dieser Katharsis wusste, das bleibt offen. Jedenfalls hatte er die psychotherapeutische Einsicht, dass wir unseren Problemen auf den Grund gehen und auch zu einem früheren Zustand zurückkehren müssen. Das zeigt das Sutra II/10. Einige Übersetzer*innen ahnen wohl, dass es hier um die Rückkehr der Seele zu etwas Vergangenem geht, aber haben offensichtlich keine eigenen Erfahrungen damit. Und wohl deshalb auch noch keine angemessene Sprache gefunden, dieses Sutra verständlich zu übersetzen. So klingen ihre Übersetzungen gelegentlich hilflos, sperrig und rätselhaft. Dazu drei Beispiele:

> „Diese subtilen (Leiden) sind auf dem Weg der Involution zu beseitigen."
> „...Sie werden zum Verschwinden gebracht durch die rückläufige Bewegung (...Rückläufigmachen der Schöpfung)."
> „Die `Dränger`, sofern sie metapsychische Urmächte sind, verschwinden erst, wenn die Weltstoffe in ihren Urzustand zurückströmen."

Da ich in meiner Therapie das Privileg hatte, die Rückkehr zu solchen „Urzuständen" zu erleben – und die dazugehörigen psychotherapeutischen Einsichten und Begriffe bekam, glaube ich, auch das angemessene Sensorium zu haben, um dieses Sutra im heutigen therapeutischen Sinn zu verstehen und in eine heute gebräuchliche Sprache zu übersetzen:

> **Die lästigen Triebkräfte – *kleshas* – sind sehr subtil.**
> **Wir können sie (nur) auflösen,**
> **indem wir zu ihrem Ursprung zurückkehren. (II/10)**

An dieses Sutra knüpft ein anderes an, das uns sagt, wie wir mit den *Samskaras* umgehen sollen, den verborgenen inneren Antrieben:

> **Diese Bedränger – (*samskaras*) – soll man**
> **auf die gleiche Weise bewältigen**
> **wie die lästigen Triebkräfte – kleshas.**
> **Das wurde bereits erwähnt (in II/10). (IV/28)**

Diese beiden und viele andere Sutras handeln von den *Kleshas* und *Samskaras*, die im Yogasutra eine große Bedeutung haben und sehr ernst genommen werden. Denn diese uns treibenden Kräfte in unserem Seelenleben gelten als „Störfaktoren", als Hindernisse auf dem Weg zur dauerhaften Stille. Wir müssen uns mit ihnen auseinandersetzen und sie auflösen, um den Seelenraum freizuräumen. Um Freiraum zu schaffen für eine ungestörte Stille. Diese therapeutische Vorarbeit ist eine notwendige Voraussetzung, um zu innerem Frieden zu gelangen. – Genauso habe ich das erlebt.

So langwierig und mühsam mein psychotherapeutischer Werdegang auch war, so versetzte er mich doch immerhin in die Lage, Patanjali auf ganz neue Weise zu verstehen und zu übersetzen. Er ist für mich ein großer Seelen-Aufklärer, der den ursprünglichen, klassischen Yoga mit einer sehr modern anmutenden Tiefenpsychologie anreichert und verbindet. Er schuf schon damals die Grundlage dessen, was wir heute eine *spirituelle Psychotherapie* nennen. Sie ist die Synthese von zwei geistigen Strömungen – Spiritualität und Psychoanalyse.

Beide kamen etwa um 1900 im Westen auf. Jahrzehntelang bekämpften oder ignorierten sie einander – teilweise bis heute. Aber heute treten immer mehr mutige Freigeister auf, die beide Strömungen – etwa als Yoga-Psychologie – zusammenbringen. Beide brauchen einander und können sich wunderbar ergänzen. Insofern kann das Yogasutra heute maßgebend und hilfreich dazu beitragen, zeitgemäße Konzepte einer Yoga-Psychotherapie (weiter-) zu entwickeln.

Wie Samadhi auch mich ergreift und erfüllt

Nach fünf Jahren radikaler seelisch-kathartischer Aufräum-Arbeit in zumeist turbulenten Therapiegruppen verlangte meine Seele – es war 1980 bei Bhagwan/Osho in Poona/Indien – ganz entschieden nach Ruhe und stillem Bei-mir-sein. So konnte ich eine zehntägige strenge Meditationsgruppe, die buddhistische *Vipassana*, gut bestehen – und sogar genießen:

Wir sitzen von fünf Uhr morgens bis spät abends im großen Kreis – jeder für sich, schweigend, mit verbundenen Augen. Für alles ist liebevoll gesorgt. Ich muss mich um nichts kümmern. Meine einzige Aufgabe ist es, still zu sitzen und mich zu beobachten, zunächst meinen Atem und meine Gedanken. Das fällt mir – dank meiner intensiven Vorarbeit – recht leicht.

Nach einigen ruhigen Tagen und einem bewegten Tag mit noch einigen dramatischen Kindheitserinnerungen tritt, wie zur Belohnung, am siebten Tag eine völlig überraschende Wende ein: Irgendwann stelle ich fest, dass die Gedanken einfach wegbleiben und lange Zeit nicht wieder auftauchen. Wohl deshalb, weil sie kein Futter mehr bekommen: Keine neuen Reize von außen, keine neuen Altlasten von innen. Die Phasen des Denkens werden immer kürzer, die des Nicht-Denkens immer länger. Die Gedankenstille und ein innerer Friede breiten sich aus – zu einem friedvollen, gedankenfreien Raum, der meinen ganzen Seelenraum erfüllt. Erst bin ich nur verwundert und staune, bin angenehm berührt und denke mir nichts dabei.

Doch dann, erst nach etwa einem Tag, wird mir allmählich klar: Was ich da erlebe, dieses gedankenstille Einfach-dasein – das ist doch genau der Zustand, den Osho, Patanjali und viele andere so ausgiebig beschrieben haben, vor allem mit dem Begriff *Samadhi.*

Ich brauche lange, das voll zu begreifen und einzuordnen. Denn dieses legendäre *Samadhi* wurde mir immer so vorgestellt, als sei es etwas „Transzendentes", Übermenschliches und für mich Unerreichbares, das nichts mit mir zu tun haben will.

Nun aber ergreift und erfüllt Samadhi auch mich: ich bin einfach nur präsent, bin stiller Betrachter – ohne Denken und Tun, ohne Müssen und Wollen, ohne Getrieben-sein.... Das erfüllt mich mit stiller Freude, mit respektvollem Staunen und mit Dankbarkeit gegenüber dem Leben. Besonders staune ich, als der neue Zustand sich dauerhaft in mir verankert, sich etabliert und mich von nun an beständig begleitet – auch im Alltag. Auf die Weise, wie Patanjali ihn versteht:

Wenn Dein Geist nicht mehr
von den vielerlei Dingen
und Geschehnissen abgelenkt wird,
sondern sich nur noch
in ein Wesentliches vertieft –
das ist der Prozess,
innerlich still und mit Dir eins zu werden – samadhi.
(III/11)

Mein Leben in der Dualität

Es war seltsam: Ich spürte keinerlei Drang, anderen Menschen von meiner Erfahrung zu erzählen. Aus vielerlei Gründen. Einer war: Die dafür allgemein gebrauchten Worte passten nicht zu mir:

Samadhi wird gewöhnlich mit „Erleuchtung", „Erwachen" oder „Verwirklichung" wiedergegeben. Ich mag diese großspurigen Worte nicht benutzen, denn sie transportieren eine Aura der Superlative, des Sensationellen, des Absoluten und Dogmatischen. Sie suggerieren, da hätte ein Mensch so etwas wie „Vollendung" oder „Vollkommenheit" erreicht. Sie dienen eher einer elitären Glorifizierung, als dass sie etwas Genaues, Nachfühlbares beschreiben.

Ich erlebte mein *Samadhi* dezenter, unscheinbarer, unspektakulär – angelehnt an das differenziertere und präzisere duale Menschenbild des Patanjali: Da ist *Samadhi* zwar die höchste Stufe des achtstufigen Weges, aber doch eher nur eine Zwischenstufe. Eine Art Plattform, eine Basis, von der aus die innere Arbeit der Selbstwahrnehmung jetzt erst so richtig beginnt.

In mir gibt es ja noch unendlich viel zu betrachten, zu bearbeiten, aufzulösen und zu verwandeln. Denn ich bin ja mit Samadhi nicht plötzlich ein „Neuer Mensch" geworden. Mein altes, reales, biografisch gewordenes Selbst existiert ja nach wie vor – mit all seinen Prägungen und Eigenheiten, die zu mir gehören. Das Neue ist allerdings: jetzt ist der Betrachter hinzugekommen und hat sich in mir dauerhaft einquartiert. Er sorgt dafür, dass mein alltägliches Denken, Fühlen und Handeln beständig „Supervision bekommt". So erlebe ich *Viveka.*

Die Figur des stillen Betrachters sehe ich als einen zusätzlichen, besonders wichtigen und maßgebenden Anteil meines Selbst, als ein bewusstes Korrektiv zu den aktiven Figuren in mir. Der Betrachter sorgt, als achtsamer Wächter in mir – häufig, aber nicht immer – dafür, dass die regen Anteile auch im Alltag auf Regungen und Reize nicht voreilig, automatisch und nach eingespielten Mustern reagieren. Er sorgt dafür, dass zwischen Reizen und Reaktionen möglichst eine meditative Lücke entsteht, in der Achtsamkeit, Selbstwahrnehmung und vernünftiges Überlegen, aber auch Liebe und Mitgefühl ihren Platz bekommen. So lebe ich mit *Viveka*, in einem spannenden Nebeneinander zweier unterschiedlicher Figuren in mir, die sich gut vertragen: Der Betriebsame und der Wachsame. So wie ich es erlebe, so beschreibt es auch Patanjali:

> **Die regen Phasen in unserem Bewusstsein**
> **tauchen auf und verschwinden wieder.**
> **Ebenso tauchen die ruhigen Phasen auf**
> **und verschwinden wieder.**
> **Beide Phasen werden von latent**
> **wirkenden Programmen –** *samskaras* **– gesteuert… (III/9)**

Also – auch *Samadhi* ist von einem inneren Programm gesteuert. Meine neue Freiheit ist nur eine bedingte Freiheit. Ich muss mir auf meine außergewöhnliche Erfahrung nichts einbilden. Sie ist auch programmgesteuert. So erlebe ich es auch, und das ist gut so. Denn diese ernüchternde Einsicht macht mich bescheiden. Sie bekräftigt die Bodenhaftung, die ich von Haus aus habe, und die ich auch bei Patanjali wiederfinde.

Ich lasse sie in meine Übersetzung einfließen und hoffe und wünsche, dass sie auch manchen anderen zu einer bodenständigen spirituellen Erfahrung und Lebenshaltung verhilft.

Das Yogasutra – Text mit Kommentaren

KAP. I: GEDANKENSTILLES SEIN – *SAMADHI*

Der erste Abschnitt:

Bei der Frage nach der Entstehung des Yogasutra orientiere ich mich an dem gründlichen und weithin anerkannten Standardwerk des Indologen J. W. Hauer: „Der Yoga“ (Stuttgart 1932/1958). (Dabei ist mir bewusst, dass er zeitweise in die Naziherrschaft verstrickt war, indem er z.B. an der Bhagavadgita unverblümt den „arischen Kriegergeist“ rühmte und ihn den NS-Ideologen nahebrachte.)

Nach seiner These gab es vermutlich einen von Patanjali stammenden Urtext. An ihn wurden dann später noch einige andere Texte von Autoren aus anderen Yogaschulen angehängt. So entstand eine Textsammlung, in der verschiedene Yogarichtungen jener Zeit zu Wort kommen.

Über die folgenden Verse (I/1-22) wird gesagt, sie seien als zusätzliche Einleitung nachträglich in das gesamte Yogasutra eingefügt worden. Denn dieser erste Text fasst das Wesen des Yoga knapp zusammen und ist in sich abgerundet. Nach Sutra I/22 kommt ein Bruch – und anschließend eine offenbar neue Yogarichtung, die auch religiöse Bedürfnisse und Inhalte einbezieht.

YOGA – DEN INNEREN BETRACHTER ENTDECKEN

अथ योगानुशासनम्

atha yogānuśāsanam

1. Hier wird jetzt die Yogalehre vorgestellt.

योगश्चित्तवृत्तिनिरोध

yogaś citta-vrtti-nirodhah

2. Yoga bedeutet:
Du lässt in Deinem Bewusstsein – *citta* **–**
die Gedanken und Gefühle – *vritti* **–**
(mal) zur Ruhe kommen – *nirodhah***.**

Kommentar:
Dieser knappe und berühmte Satz – *yogas-citta-vritti-nirodhah* –
enthält ein großes Versprechen und macht Hoffnung:
Die oft als lästig empfundene, übermäßige Denkerei – *vritti* –
in unserem Kopf/Bewusstsein – *citta* – kann auch gestoppt werden.
Die *Vrittis*, wörtlich: das Kreisende, Sich-Drehende (lat. vertere),
ist also all das, was auf unserer inneren Bühne kreist und sich dreht.
Das sind Eindrücke, Empfindungen, Gefühle und Impulse.
Vor allem aber Vorstellungen und Gedanken.
Sie besetzen und beherrschen unsere Bühne –

oft wie eine Gedankenmühle, ein Gedankenkarussell.
Mit dieser inneren Belästigung beschäftigt sich die Yogalehre vorrangig.
Das Karussell soll zum Stillstand gebracht werden.
Dann können wir das gedankenstille Einfach-dasein erleben:

तदा द्रष्टुः स्वरूपेऽवस्थानम्

tadā drastuh svarūpe`vasthānam

3. Dann erscheint
(zwischen den Gedanken)
das wahrnehmende Selbst – ***drashta*****,**
der gedankenstille Betrachter
in seiner ureigenen, natürlichen Gestalt.

Kommentar:
Auch wenn die Denkerei allmählich zur Ruhe kommt,
so tauchen doch immer wieder einzelne Gedanken
oder Gedankenfetzen auf.
Jedoch – zwischen zwei Gedanken entstehen immer
wieder mal Lücken,
Zwischenräume, die wir registrieren können.
Auch wenn Du spirituell unerfahren oder ungeschult bist,
wirst Du – vielleicht sogar häufig – solche Lücken erlebt haben.
Vermutlich ohne sie bewusst zu registrieren,
ohne ihnen eine besondere Bedeutung zu geben.
Sie erscheinen in Momenten des Dösens oder Tagträumens,
wenn Du „abwesend" oder „nicht ganz da" bist.
Sie erscheinen als diffuse Leere, als etwas Dumpfes, Träges,
Nebeliges, als eine Gedankenlosigkeit,
die scheinbar nicht der Rede wert ist.

Es sind Momente der Sprachlosigkeit, wo Dir die Worte fehlen.
Aber auch Momente des Überrascht-seins, des bloßen Staunens,
des Innehaltens, wo Dir mal keine Worte mehr einfallen.
Oder Du stehst vor einem Regal und hast vergessen,
was Du suchen wolltest.
Dann ist Dein Kopf für einen Moment leer.
Alle diese Momente haben vermutlich eine tiefere Bedeutung:
Dein Kopf will gerade mal nichts mehr denken und nichts hören.
Er streikt gerade und scheint zu sagen: Laß mich doch mal in Ruhe!
Solche Signale sollten wir respektieren,
würdigen und als Chance begreifen:
Der Betrachter macht sich bemerkbar
und will in unser Leben treten.
Für unseren Seelenraum sind solche Pausen lebenswichtig.
Er braucht sie öfter am Tag. Wenn wir sie ihm nicht gönnen,
dann holt er sie sich – auf seine Weise,
z. B. mit Gähnen, Stöhnen, Sich-räkeln,
Denn das kann die Gedanken vertreiben.

Im Yoga geht es nun darum, die Lücken zwischen zwei Gedanken
wichtig zu nehmen, ihnen Aufmerksamkeit zu schenken
und sie zu erweitern.
Du kannst sie Dir, stets aufs Neue,
bewusst machen – auch sprachlich.
Du kannst sie benennen: „Ah, da ist wieder eine Lücke!"
Sie ist ein, wenn auch nur flüchtiger,
gedankenfreier Raum auf Deiner inneren Bühne.
Der Bühnenraum/Seelenraum ist normalerweise sehr belebt –
mit Dramen und Komödien, mit Szenen,
inneren Figuren und Verkleidungen.
Mit Überlegungen, Deine Rolle gut zu spielen.
Gedanken und Gefühle können wir „innere Gestalten" nennen.
Denn sie treten als solche auf, z.B. als die innere Kritikerin,
die Antreiberin, die Bedächtige, Angstvolle, Sehnsüchtige….
Nun aber stell Dir vor: Da ist plötzlich eine Theaterpause,

die Bühne ist wie freigeräumt – frei auch von Requisiten,
von Erinnerungsstücken.
In diesen Freiraum springst Du gleichsam hinein –
mit langgezogenen, tiefen und bewussten Atemzügen.
Auf diese Weise kannst Du den Freiraum freihalten, „festhalten“,
bewahren – und mit Bewusstheit füllen, die länger anhält.

Drashta kommt von der Wurzel drsh: sehen (vgl. *darshan*).
Es bedeutet im engeren Sinn: das sehende Selbst,
der Betrachter/die Betrachterin.
Allerdings – in diesem Zustand betrachtest Du ja nicht nur.
Du hörst, riechst, schmeckst und vor allem – Du fühlst ja auch.
Im weiteren Sinne bedeutet *Drashta* dann: Das wahrnehmende
Selbst, Einfach-nur-bewusst-wahrnehmen.
Wenn die Gedanken verschwunden sind,
dann kann Dein wahrnehmendes Selbst vieles wahrnehmen,
was vorher von den Gedanken überlagert und verdrängt wurde:
Sinneseindrücke, Körperempfindungen,
Gefühle, seelische Prozesse…
Du nimmst wahr – mit allen Sinnen,
mit Deiner ganzen Körperlichkeit.
Wahrnehmen ist viel umfassender
als das bloße – visuelle – Betrachten.
Deshalb müsste der Betrachter eigentlich anders genannt werden:
Genau genommen ist er das wahrnehmende Selbst,
die Instanz jeglicher Wahrnehmung, die Fähigkeit zu empfinden,
das Potential unserer Sensitivität – in allen Körperzellen.

Dennoch spreche ich lieber von dem uns weitgehend vertrauten
Betrachter. Denn dieses Wort kann in uns
eher ein Gefühl von Muße erzeugen –
in einer gemütlichen Ruhepause – mit einer Tasse Tee:
Du lehnst Dich zurück, schaust mit Abstand,
was um Dich herum geschieht.
Ohne etwas tun zu müssen und ohne etwas zu wollen.

Das ist nicht nur erholsam, es kann auch der Einstieg sein
in einen nicht-alltäglichen, spirituellen Zustand….
Der/die Betrachter*in gilt als eine stabile
und verlässliche Figur in uns.
Er/sie bleibt sich immer gleich, „in seiner ureigenen,
natürlichen Gestalt" –
wie Patanjali sagt. Während das Betrachtete, das Bühnengeschehen,
von einer Fülle von Gestalten belebt ist und sich ständig verändert.
Der „reine Betrachter" ist eine erstrebenwerte Idealfigur.
In der Realität des Alltags geschieht das Betrachten, wie wir wissen,
zumeist nicht in dieser idealen, reinen Form:

4. Normalerweise erscheint der Betrachter nämlich in der Gestalt von (bestimmten) Gedanken – ***vrittis*****, (die registrieren, einordnen, beurteilen).**

Kommentar:
Der Betrachter erscheint beispielsweise in der Gestalt des Kritikers.
Dieses Phänomen erleben wir alltäglich,
wenn wir andere Menschen durch unsere normale,
gefärbte Brille wahrnehmen.
Dann vermischt sich unsere Wahrnehmung
von Menschen und Situationen
mit vielerlei Gedanken, mit Vorstellungen, Erinnerungen,
Bewertungen und Beurteilungen.
Daraus entstehen Vorurteile, die dem sozialen Klima
bekanntlich nicht gut tun.
Sicherlich brauchen wir Wertvorstellungen und Werturteile,
um unser Alltagsleben zu strukturieren und zu bewältigen.
Aber sie müssen sich nicht pausenlos in unsere Wahrnehmungen
hineinmischen und sie verfärben.

Wir brauchen, besonders in Partnerschaften, zwischendurch auch
eine unvoreingenommene, respektvolle, „reine" Wahrnehmung –

ohne die zumeist verletzenden Deutungen und Bewertungen,
die übergriffigen Analysen und Diagnosen –
z.B. „Du bist… Du hast…“

Wie wichtig und wie schwer es ist, Mitmenschen respektvoll
wahrzunehmen, das zeigt die soziale Bewegung der GfK,
der Gewaltfreien Kommunikation – auch Einfühlsame oder
Wertschätzende Kommunikation genannt.
Ihre zentrale Figur ist – wie bei Patanjali – der reine Beobachter:
Gute Kommunikation im Sinne der GfK
beginnt mit nüchternem Beobachten
dessen, was gerade geschieht – ohne es zu bewerten.
Die nächsten Schritte bestehen darin, sich selbst zu beobachten:
Was fühle ich in dieser Situation?
Welches Bedürfnis spüre ich dabei?
Und wie kann ich das in eine Bitte umsetzen und sie äußern?
Dabei spreche ich nur von mir und gebe meinen
Mitmenschen Raum, in ähnlicher Weise von sich zu sprechen.
Voraussetzung dafür ist allerdings die Fähigkeit
zur Selbstbeobachtung.
Sie trägt enorm viel dazu bei, unser soziales Miteinander
positiver, friedlicher und humaner zu gestalten.
Diese soziale Bewusstheit fördert die soziale Kompetenz,
ist also hochaktuell.
Patanjali vertieft dieses Thema in den Sutras IV/15-28.

FÜNF ARTEN VON VORSTELLUNGEN/ GEDANKEN

**5. Es gibt fünf Arten
von Vorstellungen/Gedanken –** *vrittis*.
Sie können leidvoll oder leidfrei sein.

Kommentar:
Die *Vrittis* – das sind nicht nur Gedanken, sondern auch Vorstellungen und Gefühle, die in unserem Seelenraum herumkreisen.
Sich etwas vorstellen – das ist ein geistiger und zugleich auch ein seelischer Akt. Mit *Vritti*s sind alle seelisch-geistigen Regungen gemeint.
Denn an jedem Gedanken hängt ja auch ein Gefühl.
Oft ein leidvolles.
Solange das Leid noch in uns rumort, solange werden die dazugehörigen Gedanken und Vorstellungen auf die Bühne drängen.
Sozusagen als Botschafter des Leids, damit wir das Leid auch registrieren, es uns vor-stellen, auf die Bühne stellen – und uns mit ihm befassen.
Oder die Gedanken kommen als lästige Boten mit der Nachricht: „Da ist noch etwas zu erledigen – eine Aufgabe, ein altes Thema".
Wenn wir das Thema er-ledigt haben, sind wir wieder ledig.
Dann sind wir die lästigen Gedanken los – und im Kopf wieder freier.
Dann ist auch wieder Platz für leidfreie, angenehme Vorstellungen, für positive Gedanken. Und Platz für Freude und andere positive Gefühle.
Patanjali unterscheidet im Folgenden sehr differenziert zwischen den verschiedenen Arten von Vorstellungen.
Er untersucht sie, prüft sie, sortiert sie, bewertet sie

und ordnet sie ein in unsere gesamte geistige Tätigkeit.
Dabei unterscheidet er ganz klar zwischen richtig und falsch.
Er folgt nicht der in spirituellen Kreisen beliebten Auffassung:
„Du sollst nicht werten.… nicht urteilen…
Alles ist richtig, so wie es ist…“
Er schätzt den menschlichen Verstand und seine Fähigkeiten.
Er schätzt unser Urteilsvermögen und lehrt, es zu benutzen,
um genau zu erkennen, was in uns und um uns herum geschieht.
Und was stimmig ist und was nicht. Und was uns guttut.
Diese positive und ausgewogene Haltung
gegenüber den Vorstellungen und
dem Verstand/Intellekt möchte ich an dieser Stelle
besonders hervorheben, denn sie ist, wie wir wissen,
bei spirituellen Lehrern gar nicht selbstverständlich.

6. Das sind:
Richtige Vorstellungen,
falsche Vorstellungen,
Spekulationen,
Schlaf/Traum
und Erinnerungen.

Kommentar:
Patanjali ist, wie erwähnt, ein Anhänger
der dualen *Samkhya*-Theorie,
die mit der Yoga-Praxis eng verbunden ist.
Hier bekommen wir einen ersten Einblick
in diese geistige Richtung.
Samkhya bedeutet wörtlich:
Aufzählung, Beschreibung und Analyse
der einzelnen Elemente, aus denen die Welt – *prakriti* –
sich zusammensetzt.
Hier geht es darum, die Vielfalt und Verschiedenheit
der Dinge und Geschehnisse in der Welt zu erkennen,
zu respektieren

und sie in eine geistige Ordnung zu bringen.
Und darum, das Geschehende, das sich ständig wandelt,
differenziert wahrzunehmen und zu begreifen –
mit den angemessenen Vorstellungen und Begriffen.
Patanjali verkündet keine fertigen Wahrheiten,
sondern empfiehlt uns, unsere eigene Urteilskraft zu nutzen,
damit wir selbst herausfinden, was wahr und richtig ist:

**7. Richtige Vorstellungen entstehen
aus eigener Wahrnehmung,
vernünftiger Überlegung
und zuverlässiger Überlieferung.**

**8. Falsche Vorstellungen beruhen
auf falscher Wahrnehmung.
Sie stützen sich auf etwas,
das mit der Wirklichkeit
nicht übereinstimmt.**

**9. Spekulationen stützen sich
auf das Wissen von Worten
und haben keine reale Grundlage.**

**10. Die seelischen Regungen im Schlaf (und im Traum)
beruhen auf der Vorstellung von etwas,
das nicht vorhanden ist.**

**11. Die Erinnerung ist der Vorgang,
einmal erfahrene Sinneseindrücke
wieder wach zu rufen.**

BEWUSSTHEIT EINÜBEN – GEWOHNTES LOSLASSEN

12. All diese Vorstellungen
kommen zur Ruhe –
durch das Einüben – *abhyasa* **–**
(von Bewusstheit)
und das Loslassen – *vairagya*
(von Gewohntem).

13. Dieses Ruhigwerden kannst Du festigen
durch eifriges Einüben – *abhyasa* **–**
(von Bewusstheit).

14. Wenn Du in dieser Bewusstheit
lange Zeit beharrlich
und hingebungsvoll verweilst,
dann wird sie in Dir
zur festen Grundlage
(Deines Daseins).

Kommentar:
Was genau ist hier mit Üben gemeint?
Das Sanskritwort für Üben/Einüben – *abhyasa* – hilft uns da weiter.
Darin steckt, wie in *asana*: Sitzen, Verweilen, Bleiben, Präsent-sein.
Es bedeutet: An einer Aufgabe sitzen,
bei einer Sache bleiben, Dranbleiben.
Das ist mit Üben gemeint. Und was soll eingeübt werden?
Eine bewusste und achtsame Lebenshaltung,
bei der das ganze Leben zur Übung wird.
Gemeint ist also nicht nur das Dranbleiben an irgendeiner Sache,

an Aufgaben oder Übungen, sondern
das Dranbleiben an *sich selbst.*
Anders gesagt: das Bei-sich-bleiben.
Im Yoga soll ich bei mir bleiben.
Kannst Du gut bei Dir sein, dann trägst Du
einen wahren Schatz in Dir.
Etwas sehr Wertvolles, eine besondere Empfindsamkeit,
die in Dir vielleicht hohe Wertmaßstäbe setzt:
Dann fühlst und weißt Du besser, was Dir *wirklich*
wertvoll und wichtig ist,
und was Deine wahren Bedürfnisse sind.
Und nach was Du wirklich dürstest:

15. Dann beginnt das Loslassen
von alten Mustern:
Du dürstest nicht mehr nach erfahrenen
oder verheißenen Sinneseindrücken.
Dadurch gewinnst Du bewusste Macht
über Dein inneres Geschehen.

16. Dann kommt das äußerste Loslassen:
Du hast das gedankenstille Einfach-dasein – ***purusha*** **–**
verinnerlicht – und dürstest nicht mehr
nach einer bestimmten Form von Dasein – ***guna*.**

Kommentar:
Den Kontrast in diesem Sutra finde ich besonders hilfreich.
Jeder Mensch lebt in einer bestimmten Daseinsform – *guna.*
Wir müssen, um zu existieren, uns auf der Weltenbühne
in einer bestimmten Daseinsform präsentieren.
Doch wir können uns phasenweise
aus diesem Dasein herausziehen.
Denn jenseits unserer speziellen Daseinsform – *guna* –
gibt es noch das allgemeine Einfach-nur-da-sein – *purusha* –

ohne bestimmte Form. Ein wohltuender Zustand –
ohne Wollen und Müssen.
Ein im allgemeinen leider nur vorübergehender Zustand.
Doch je häufiger wir ihn erleben,
desto mehr werden wir ihn schätzen,
uns nach ihm sehnen und uns an ihm – als Maßstab – orientieren.
Patanjali stellt sogar in Aussicht: Dann wirst Du nicht mehr
nach einer *bestimmten* Form von Dasein dürsten.
Das könnte bedeuten:
Dann willst Du nichts Besonderes mehr sein,
keine bestimmte Rolle mehr spielen,
keinen bestimmten Status, Besitz anstreben,
nach keinem besonderen Konsum mehr verlangen.
Dann kannst Du zufrieden sein mit dem Einfach-so-sein.
So wie Du bist.
Solche Momente von Einfach-sein, Natürlich-sein,
Authentisch-sein – „Du bist ganz Du selber" –
haben die meisten von uns schon erlebt:
Beim Meditieren, in der Natur, im Urlaub, beim Tanzen,
in der Liebe…
Was Patanjali lehrt, das ist von unserer Lebenserfahrung
gar nicht so weit weg.
Wir knüpfen an die kleinen Glücksmomente des Alltags an:
Das Einfach-dasein:
beim Hören von Musik, beim Betrachten von etwas Schönem
oder beim stillen Nachdenken. Davon handelt das nächste Sutra.

17. Die nachdenkliche Stille bedeutet:
Dich begleiten zunächst Überlegungen und Einsichten,
und schließlich Gefühle von Glück
und von *Ich-bin-einfach-da*.

Kommentar:

Unser Bühnenraum kann und sollte nicht dauerhaft
gedankenfrei sein,

wie es im nächsten Sutra gepriesen wird.
Ich zumindest kann und will auf meine guten Gedanken
nicht verzichten.
Ich will sie gerne zulassen, wenn es Sinn macht.
Wichtig ist mir dabei, dass die Gedanken nicht sinnlos und endlos
herumkreisen und mich tyrannisieren.
Wichtig ist, dass wir auf unserer Bühne Regisseur und
Regisseurin bleiben.
Dass wir entscheiden, welche Gedanken wir auftreten lassen,
und welchen wir den Auftritt verwehren.
Aus der Gedankenstille heraus ist es leichter, das zu entscheiden –
und für eine gewisse Ordnung des Geistes zu sorgen.
Das alles wird von Patanjali berücksichtigt.
Er schätzt die Überlegungen und Einsichten,
die aus der Stille heraus entstehen.
Ich nenne diesen Zustand: Nachdenkliche Stille.
Damit hole ich den Begriff der Stille – *samadhi* –
aus den himmlischen Sphären herunter
in die irdische, soziale Sphäre.
So rückt er unserer alltäglichen Erfahrung näher.
Denn jede/r kennt solche stillen, klaren, fruchtbaren
und glücklichen Momente –
mit wenigen, aber geordneten Gedanken,
mit hilfreichen Einsichten,
mit wohltuenden Einfällen und Eingebungen.
Und mit dem guten Gefühl: Das alles bin ich auch,
das gehört auch zu mir.
Diese Idee der nachdenklichen Stille finde ich
wohltuend undogmatisch:
Da sind Meditieren und Nachdenken
nicht streng voneinander getrennt.
Sie gehen fließend ineinander über.
Etwa so wie beim stillen Nachdenken, was wohl jede/r kennt.
Also – mal sind wir am Meditieren,
und die Stille wird von Gedanken

und Einsichten unterbrochen.
Mal sind wir ins Nachdenken vertieft –
und es wird von stillen Momenten unterbrochen.
Der Unterschied zwischen beiden erscheint mir nicht so gravierend.

UNSERE SEELISCHEN PRÄGUNGEN

18. Die andere, die vollständige Stille bedeutet:
Als Folge von beharrlichem Üben
kommen alle seelisch-geistigen Regungen zur Ruhe.
Übrig sind dann nur noch
die uns eingeprägten, verborgenen Antriebe– *samskaras*.

Kommentar:
In dieser „vollständigen" Stille sind nur die Gedanken still,
aber das Leben in uns geht weiter.
Patanjali lässt sich nicht, wie viele andere Lehrer, dazu verführen,
diese „vollständige" Stille euphorisch als etwas „Absolutes",
als „Höchstes", oder gar schon als göttlichen Endzustand zu feiern.
Er ist kein Schwärmer, sondern ein nüchterner
und kritischer Psychologe.
Er weiß genau, wieviel latente Dynamik
und wieviel unbewusster Sprengstoff
unter der stillen Oberfläche auch eines „erleuchteten"
Bewusstseins noch lauern – und angeschaut und
bearbeitet werden wollen.
Er nennt diese latenten, unbewussten Kräfte die *samskaras* –
wörtlich: die inneren Macher, Akteure.
Sie sind die seelischen Eindrücke, die Programme,
die sich uns eingeprägt haben – und unbewusst weiterwirken,
die Antreiber, bzw. Bremser unseres seelischen Geschehens.
Ich nenne sie: die verborgenen inneren Antriebe.
Sie werden uns hier noch öfter beschäftigen.
Denn sie steuern oder programmieren weitgehend
unser Verhalten – auf meist unbewusste Weise.
Sie sind eine tragende Säule von Patanjalis Psychologie.
Sie sind etwa das, was Sigmund Freud das ES nennt,
oder die Triebkräfte, oder was C.G. Jung den Schatten nennt.

Oder das, was manche salopp das „Eingemachte“
im seelischen Keller nennen.

**19. Wenn wir uns in das Einfach-dasein
so tief versenken, dass wir
ganz im Naturgeschehen aufgehen,
dann können sich unsere körperlichen Strukturen
und Prägungen auflösen.**

Kommentar:
Dieses Sutra erscheint höchst rätselhaft und wird von den meisten auch rätselhaft und extrem unterschiedlich übersetzt.
Meist mit Begriffen wie: „körperlose Wesen“,
„körperlose Ruhe“, „Leben in Körperlosigkeit“.
Diesen Ideen kann ich mich nicht anschließen.
Ich versuche, mich der Essenz dieses Sutra aufgrund meiner Erfahrung anzunähern. Die folgende Übung möge Dir helfen, das zu erleben, was hier gemeint sein könnte:

Übung: Meditation über den Körper

Du versenkst Dich in Dein Körpergeschehen. Etwa so:

Du beobachtest und verfolgst Dein natürliches tiefes Atmen und lässt es langsamer und ruhiger werden. Dadurch beruhigen sich auch Dein Körpergeschehen und Dein Geist.

Du kannst jetzt mit den Fingern ertasten, wie Dein Puls schlägt und klopft. Dann verbindest Du Atmen und Pulsieren: z.B. drei (oder mehr) Pulsschläge ausatmen, drei Pulsschläge einatmen, wobei der Körper „selbst bis drei zählt“ (wie beim Walzertanz).

Pulsieren, Atemstrom und Energiestrom vereinen sich allmählich zu einem ganzheitlichen Körperempfinden, einem Flow.

Sie breiten sich nach und nach im ganzen Körper aus, so, dass die drei einzelnen Wahrnehmungen ineinander verschmelzen.
Du gleitest in den Zustand von Einfach-nur-Körper-sein.

Irgendwann spürst Du dann: Energie strömt in mir, ich bin nur noch formloses Strömen, ich bin nur noch ein Naturgeschehen, ohne unterscheiden zu können, was da im Einzelnen geschieht.

Ich erlebe mich als eins und als formlos. Konturen, Strukturen und gewohnte Körperformen lösen sich auf: (z.B. Engstellen). Wir erleben uns, als wären wir grenzenlos weit.

Wenn sich Körperformen in unserer Wahrnehmung auflösen, dann können wir uns wie „körperlos" fühlen.

Aber wir verlassen den Körper nicht. Wir brauchen ihn. Er gehört zu uns, so lange wir leben. Wir sollten uns mit ihm befreunden.

Das heißt aber nicht, sich mit ihm zu identifizieren.

Denn wir sind mehr als nur unser Körper.
Nach solch einem Prozess fühlen wir uns meist freier,
so als hätten sich alte Prägungen/*Samskaras* aufgelöst

20. Andere gelangen dahin
durch Vertrauen, Mut, Erinnerungen,
Einsichten und friedvolle Stille – ***samadhi*.**

Kommentar:
Alte Prägungen auflösen – das erstreben wir auch
in der Psychotherapie.
Die Qualitäten, die Patanjali hier nennt,
gehören auch zur heutigen psychotherapeutischen Arbeit:

Vertrauen brauchen wir, um uns überhaupt zu öffnen,
auch uns selbst gegenüber.

Mut hilft uns, über Grenzen zu gehen, aus der Komfortzone heraus
– in weniger vertraute, auch unbewusste Bereiche,
die angstbesetzt sind.

Erinnerungen sind notwendig, um Unbewusstes
ins Bewusstsein zu holen.

Einsichten gehören zu jeder inneren Veränderung: „Ja, so bin ich. Das ist auch ein Teil von mir. Den will ich akzeptieren."

Friedvolle Stille brauchen wir – als den sicheren, stabilen Ort in uns, in den wir uns zurückziehen können.

In diesem Raum der Stärkung sind Regeneration
und Transformation möglich.
Gute Therapien verhelfen uns zuerst zu einem sicheren Ort in uns,
damit wir von da aus zuversichtlich das angehen können,
was uns verunsichert.
Anders gesagt: Wir brauchen positive Erfahrungen –
Stille, Frieden, Vertrauen, Geborgenheit, um –
genährt und gestärkt –
den negativen Erfahrungen begegnen und sie verkraften zu können.
Negative Erfahrungen können wir erfahrungsgemäß
nur dann überwinden,
wenn wir positive Gegenerfahrungen machen. Das heißt:
Die als angstvoll erlebten Situationen durchleben wir noch einmal,
imaginiert oder real, aber diesmal angstfrei.
Oder mit weniger Angst.
Für solche neuen Erfahrungen braucht es
die fünf Voraussetzungen,
die in diesem Sutra erwähnt sind. Yoga kann helfen, sie herzustellen
und kann damit Psychotherapien wunderbar unterstützen.

**21. Man gelangt da hin,
wenn man sich mit ganzer Energie
da hinein begibt.**

**22. Unsere Erfahrungen
sind unterschiedlich intensiv.
Je nachdem, ob wir uns leicht, mittelmäßig
oder total in sie hineinbegeben.**

Der zweite Abschnitt

Jetzt kommt ein gewisser Einschnitt. Ein neues, ein religiöses Thema taucht auf – anscheinend aus einer anderen geistigen Richtung. Von den folgenden Sutras (I/23-51) wird gesagt (J.W. Hauer), sie seien später eingefügt worden, als *Ishvara*-Text, um auch den Anhängern einer Gottheit gerecht zu werden. Er ist offenbar ein Zugeständnis an die Brahmanen, um von ihnen anerkannt zu werden.

SICH EINER GÖTTLICHEN MACHT HINGEBEN

23. Oder (wir kommen da hin)
durch die Hingabe
an eine göttliche Macht – ***ishvara*****.**

Kommentar:
Ishvara kommt von der Wurzel *ish*: besitzen, vermögen, gebieten, herrschen.
Ishvara bedeutet ursprünglich: Besitzer, Gebieter, Herr, eine (weltliche) Macht, die gebietet –
und dann später: eine göttliche Macht, eine Gottheit.
Andere übersetzen es mit: „Gott, der Allerhöchste, der höchste Herrscher".
Diese monotheistischen Bilder vom Einen Gott
passen nicht so recht zum aufgeklärten, religionskritischen Patanjali.
Auch nicht zum Hinduismus, wo man/frau sich
eine der vielen Gottheiten aussucht, der man sich hingibt.
Und wo das unpersönliche göttliche Eine – *brahman* – alles umfasst, und die Vielfalt der religiösen Erscheinungen und Gött*innen durchdringt.
Dieses Brahman wird allgemein als höchste Macht angesehen.
Deshalb übersetze ich *ishvara* mit: eine göttliche Macht, oder: eine Gottheit.

24. Eine Gottheit – ***ishvara*** **– ist**
wie ein besonders reiner Mensch – ***purusha*****.**
Sie ist unberührt
von lästigen Triebkräften – ***klesha*****,**
von früherem Tun – ***karma*** **–**
und seinen Nachwirkungen,
den unbewusst wirkenden Prägungen.

Kommentar:
Hier wird uns eine sehr vermenschlichte Gottheit vorgestellt.
Sie ist wie ein besonderer Mensch,
aber mehr göttlich als menschlich.
Es ist eine Art Mischwesen, von denen es im Hinduismus viele gibt.
Legendäre, heldenhafte und heilige Menschen
wurden gerne vergöttlicht,
wie z.B, *Shiva* und *Parvati* oder Krishna und Radha.
So sind wohl die Götterfiguren entstanden:
Höchste menschliche Qualitäten wurden
auf göttergleiche Figuren projiziert.
So auch hier. Die Gottheit ist frei von alledem,
was den Menschen belastet, bedrückt und einschränkt.
Die Gottheit ist eine Wunschfigur,
auf die all die guten Eigenschaften
übertragen werden, die wir Menschen uns wünschen.
Hier ist es offenkundig: Gottheiten sind Schöpfungen
des Menschen.
Sie sollen uns dienen – als ein hilfreiches, mächtiges Gegenüber.
Es ist wichtig, so ein – wenn auch nur imaginiertes –
Gegenüber zu haben,
dem wir uns anvertrauen, öffnen und hingeben können.
Ihm gegenüber können wir das ausdrücken und loswerden,
was uns belastet,
und das, was wir anderen Menschen
nicht anvertrauen wollen oder können.
Mit ihm können wir reden. Ihm können wir danken –
für unser Leben.
Vielleicht wie ein Kind, das sich geborgen, getragen
und geführt fühlen möchte.
Die Grenzen zwischen menschlichen und göttlichen Wesen sind
im Hinduismus fließend, die Unterschiede sind nur quantitativ.
Manche Menschen wissen viel, möchten aber alles wissen.
So projizieren sie das Ideal der Allwissenheit
auf eine ideal vorgestellte Gottheit – wie im folgenden Sutra:

25. Der im Menschen angelegte Keim,
alles zu wissen,
ist in der Gottheit unendlich weit entfaltet.

26. Die göttliche Macht ist unsere innere Meisterin – *guru.*
Auch die unserer Vorfahren,
denn sie ist durch keine Zeit begrenzt.

Kommentar:
Die Gottheit ist unser Guru, unser vergöttlichtes Leitbild.
Dabei scheint es nicht so sehr
um eine spezielle Götterfigur zu gehen,
sondern eher um das mächtige Göttliche überhaupt, das Heilige,
das nach indischer Auffassung überall zu finden ist,
im ganzen göttlichen Naturgeschehen:
In einem Menschen, einem Kind, einer Kuh,
einem Baum, einem Fluss.
In einer heiligen Schrift, einer edlen Aufgabe,
einer liebevollen Partnerschaft.
Alle möglichen Situationen können uns zur Lehrmeisterin werden.
In alle können wir uns hinein versenken,
an alles können wir uns hingeben.
Alles kann uns heilsame Anstöße geben
auf unserem spirituellen Weg.

27. Die göttliche Macht wird angerufen
durch die heilige Silbe OM.

Kommentar:
Das OM oder AUM wird nicht (wie oft im Westen)
wie ein kurzes, zackiges OMM ausgesprochen,
sondern wie ein langgezogenes, gesungenes AAAUUUMMM.
Das erinnert uns daran, dass wir uns für das Tönen dieses Mantras
richtig viel Zeit lassen sollen. Dieses – im besten Sinne –

langatmige Tönen, Klingen und Schwingen
kann unseren Lebensfluss für eine Weile verlangsamen,
und uns in eine andere Welt entführen:

28. Wenn Du diese heilige Silbe
ständig wiederholst,
dann wird in Dir das verwirklicht,
was sie bedeutet – (kosmische Schwingungen).

Kommentar:
OM bedeutet: die uranfängliche,
elementare energetische Schwingung,
die den Kosmos durchdringt. Sie hat den Kosmos hervorgebracht.
Sie erfüllt und bewegt ihn seit Urzeiten.
OM bedeutet auch: die kosmische Weite.
Die Schwingung und der Klang des OM können unseren Seelenraum
in eine andere, höhere Schwingung versetzen – und weiten.
Sie können ihn gleichsam von Gedanken frei fegen –
wie bei einem Kehraus. Dann erleben wir diese gedankenfreie,
klangerfüllte, kosmische Weite –
so wie ein schönes Konzert, das uns ergreift und erhebt.
Im Kern jeder Musik wirkt die Kraft des OM.
Manche Musik führt uns – ähnlich wie die Meditation –
tief nach innen.
Den Zugang zu spirituellen Erfahrungen finden die meisten Menschen
ohnehin über die Musik.
Beim hingebungsvollen Hören von Musik kann unser Seelenraum
zur Ruhe kommen, vom Alltäglichen freigeräumt werden.
Er kann sich neu ordnen und mit neuem Leben erfüllt werden.

Innere Hindernisse überwinden

29. Dadurch wird der Weg frei,
das Geschehen in Deinem Seelenraum wahrzunehmen
– und Hindernisse lösen sich auf.

30. Die Hindernisse,
die den Geist umtreiben und zerstreuen –
das sind: Krankheit, Erstarrung, Zweifeln,
Achtlosigkeit, Trägheit, Genusssucht,
wirre Vorstellungen,
fehlende Bodenhaftung und Unbeständigkeit.

31. Körperliche Begleiterscheinungen dieser
Hindernisse sind:
Schmerz, Bedrückung, Unruhe,
gestörtes Ein- und Ausatmen.

32. Um diese Hindernisse zu überwinden,
hilft die Übung,
sich auf nur ein Geschehen zu konzentrieren.

WEGE ZU INNERER KLARHEIT

33. Pflege Freundschaft,
Mitgefühl und Mitfreude!
Und übe Gleichmut –
gegenüber Freud und Leid,
gegenüber Tugend und Laster!
Dann kehren in Deinem Seelenraum
Frieden und Klarheit ein.

Kommentar:
Zum inneren Frieden kommen wir nicht allein
über die einsame Beschäftigung mit unserer Innenwelt.
Denn wir sind von Natur aus soziale Wesen –
auf Kultur angewiesen.
So ist es für unser Seelenheil auch erforderlich,
dass wir uns unseren Mitmenschen freundlich zuwenden.
Dass wir Freundschaft pflegen
und soziale und emotionale Kompetenzen entwickeln.
Dass wir uns für andere öffnen und Gefühle zulassen.
Dass wir für andere Verständnis zeigen –
ohne zu schnell über sie zu urteilen.
Und dass wir gelassen und gleichmütig bleiben –
auch bei emotionalen Schwankungen und Störungen.
Hier bewegt sich Patanjali nicht nur in der spirituellen Sphäre,
sondern auch in der sozialen.
Wir Menschen sind keine Einzelwesen,
sondern mit anderen verbunden.
Wir brauchen Gemeinschaft und das Gefühl von Geborgenheit
und Zugehörigkeit, um human und sinnerfüllt leben zu können.
Wir brauchen ein soziales Eingebunden-sein,
gleichzeitig aber auch Freiräume
für unser Streben nach Autonomie.

Wir brauchen geschützte, rituelle Räume,
in denen wir das tun können,
was die Seele braucht – beispielsweise Yoga.

34. Oder Du kommst zur Klarheit,
indem Du den Atem
mehrmals kraftvoll ausstößt –
und dann anhältst.

Kommentar:
Oft will die Seele sich kraftvoll ausdrücken,
will mal „Dampf ablassen“,
will eine bedrückende Stimmung
mit laut tönender Stimme vertreiben,
oder zumindest mit heftigem, erleichterndem Ausatmen.
In unseren Yogagruppen praktizieren wir
zu Beginn einer gemeinsamen Yogazeit oft die folgende Übung:

Übung: Emotionaler Ausdruck

Wir stehen im Kreis, fassen uns an den Händen
und atmen im gleichen Rhythmus:

Beim Einatmen heben wir die Arme über den Kopf,
beim Ausatmen „werfen“ wir sie nach unten –
mit kraftvoll tönendem Ausatmen – einige Male hintereinander.

So werfen wir gleichsam seelische Lasten von uns ab.

Dieser wohltuende und reinigende Ausdruck kann sich –
je nach Gruppenenergie – bis zur Katharsis steigern.
Oder bis zur Ekstase, die den Kopf befreit – zu neuer Klarheit.

Wenn wir danach für einen Moment den Atem anhalten,
dann folgt darauf ein natürliches, langgezogenes, tiefes Einatmen,
das uns zu mehr Gewahrsein führt.

35. Oder Du kommst zur Klarheit,
indem Du betrachtest,
wie die Dinge und Geschehnisse
Dein Bewusstsein beschäftigen.
Das führt zu einem gebändigten
und stabilen Bewusstsein.

Kommentar:
Die meiste Zeit ist unser Bewusstsein mit irgendetwas beschäftigt.
Es ist hilfreich, das genauer zu betrachten:
Was beschäftigt mich denn da eigentlich? Warum denn?
Ist mir das so wichtig? Oder ist das nur eine mentale Ablenkung,
um den tieferen Gefühlen nicht begegnen zu müssen?
So kannst Du all das, was Dich beschäftigt, ordnen und sortieren:
Sind das banale, unbedeutende Gedanken,
die ich am besten vertreibe?
Sind es existentielle, mit Gefühlen verbundene Gedanken,
die ich vertiefen will?
Oder sind es heiße Themen, die ich noch etwas zurückstelle?
Welche Instanz kann die gewünschte Ordnung im Kopf herstellen?
Das rege Bewusstsein alleine kann das nicht schaffen,
solange es in das Gedankengetriebe verwickelt ist.
Es braucht Hilfe von außen.
Es braucht eine ordnende, neutrale Instanz –
außerhalb des mentalen Getriebes.
Das kann natürlich eine andere, hilfreiche Person sein.
Oder aber der nicht verwickelte, sorgenfreie Betrachter in uns.

36. Oder Du meditierst
über einen sorgenfreien Zustand,
in dem Dir das innere Licht erscheint.

Kommentar:
In Gedanken drücken sich häufig Sorgen aus.
Ein sorgenfreier Zustand hilft uns, die Gedanken zu verscheuchen.
Dazu ein Beispiel aus dem Leben des
Gautama Buddha: Nachdem er den Höhepunkt – oder Tiefpunkt – seiner jahrelangen selbstquälerischen, yogischen Askese überschritten hatte, kamen ihm Zweifel gegenüber diesem harten Weg.
Und so entdeckte er einen damals ganz neuen Weg.
In einer seiner Lehrreden erzählt er davon sehr persönlich:

> *„Sollte es nicht doch einen anderen Weg zum Erwachen geben? – Ich erinnerte mich, daß ich einst, als mein Vater, der Sakyer, beschäftigt war, im kühlen Schatten eines Rosenapfelbaums saß und dort mich frei fühlte von Wünschen und Sorgen, frei von dem Verlangen nach Sinnengenüssen und von unheilsamen Regungen, und ... die erste Stufe der Versenkung erreichte ...“*

Buddha erinnert sich an einen glücklichen Moment seiner Kindheit oder Jugend, an das Gefühl von Heimat – in der Nähe des Vaters.
Vielleicht ist er von Gefühlen der Geborgenheit, Verbundenheit und Liebe getragen, als er zur Sorgenfreiheit und Wunschlosigkeit, zur tiefen Versenkung geführt wird.
An dieses positive Erleben knüpft er nun an, als er den Weg zur Erleuchtung beschreitet. Er lebt und lehrt fortan einen neuen, lebensfreundlicheren, humaneren Weg, der dem Weg des Patanjali sehr ähnlich ist:
Gib alle Anstrengungen und Kasteiungen auf.
Setz Dich einfach hin und beobachte Dich selbst, Deinen Atem, Deine inneren Regungen.
So erkennst Du die Ursachen Deines Leidens.
Sei der Zeuge Deines inneren Geschehens und warte ab, bis immer weniger geschieht.

Bis auch die Regungen des Begehrens zur Ruhe kommen:

37. Oder Du meditierst
über einen Bewusstseinszustand,
der frei ist von der Begierde
nach (bestimmten) Dingen und Geschehnissen.

38. Oder Du meditierst über das,
was Du im Schlaf/Traum erlebt hast.

39. Oder Du meditierst über etwas,
das Deinem Bedürfnis entspricht.

VERSUNKEN-SEIN IN STILLES BETRACHTEN

40. Mit einem gebändigten und stabilen Bewusstsein
können wir alles meistern –
vom Allerkleinsten bis zum Allergrößten.

41. Wenn die Gedanken verschwinden,
dann leuchtet das Bewusst-sein
klar wie ein edler Kristall.
In ihm durchdringen sich alle drei
und verschmelzen miteinander:
das wahrnehmende Selbst,
das, was wahrnehmbar ist
und die Wahrnehmung.
Das ist das Versunken-sein
in stilles Betrachten – ***samapatti*.**

Kommentar:
Was ist das, was wir wahrnehmen?
Patanjali ist da sehr achtsam und genau.
Er nennt es: das Wahrnehmbare, oder noch genauer:
das Wahrzunehmende.
Also etwas, das wir erst noch wahrnehmen werden,
etwas, von dem wir noch gar nichts wissen.
Dennoch sprechen die meisten Interpreten hier und
in ähnlichen Sutras vorschnell von „Objekten" der Wahrnehmung.
So bekommt das, von dem wir noch gar nichts wissen,
vorschnell einen Stempel aufgedrückt: „Das ist ein Objekt!".
Diese zupackende patriarchale Weltsicht ist nicht geeignet,
Patanjali`s feine Differenzierungen wiederzugeben.
Manche Leser*innen stolpern über dieses Sutra und fragen:
Wie können denn „diese drei sich

durchdringen und verschmelzen?“
Ich versuche, es anhand meiner eigenen Erfahrung zu erklären:

Was ist das Wahrnehmbare?

Das ist in Patanjali`s dualem Modell meine innere Natur – *prakriti.*
Wenn ich mich in mich selbst versenke, dann bin ich,
nach einer Weile, tief in sie versunken.
Da nehme ich, wenn es gut läuft,
ein intensives, undifferenziertes
Körpergeschehen wahr –
ohne klare Konturen, ohne Formen.
Da ist nur noch ein diffuses Strömen und Schwingen,
Vibrieren und Pulsieren –
vielleicht begleitet von Dunkelheit – oder auch von Licht.
In diesem dunkel-hellen Raum wird
das Körpergeschehen wahrgenommen,
das Einfach-Körper-sein. Aber von wem?

Was ist das wahrnehmende Selbst?

Die Instanz in mir, die wahrnimmt,
ist das wahrnehmende Selbst – *purusha.*
Das ist aber keine irgendwie rein geistige Instanz,
die nun die materielle Körperwelt wahrnehmen würde.
Solch einen (westlichen) Geist-Materie-Dualismus
sehe ich bei Patanjali nicht.
Es ist vielmehr so: Bei dieser Grenzerfahrung ist das
wahrnehmende Selbst identisch mit dem Einfach-Körper-sein.
Denn im tiefen Versunken-sein nimmt ja der ganze Körper wahr –
mit allen Sinnen. Nicht nur mit Augen und Ohren,
sondern durch alle Poren.
Der ganze Körper ist mit allen Nervenzellen
an der Wahrnehmung beteiligt.
Und was nimmt er wahr? Er nimmt sich selbst wahr.
Der wahrnehmende „Teil“ von mir ist jetzt identisch

mit dem wahrgenommenen „Teil" von mir.
Anders gesagt: Ich bin jetzt ganz eins mit mir.
Bei dieser Grenzerfahrung ist die Dualität vorübergehend aufgehoben.
Da nähern wir uns dem an, was Vedanta lehrt.

Was ist die Wahrnehmung?

Beide Teile, beide Bereiche – *purusha* und *prakriti* –
sind jetzt miteinander verschmolzen.
Genauer: Das wahrnehmende Selbst nimmt nur sich selbst wahr.
Das ist die Wahrnehmung im stillen Versunken-sein.
Da ist phasenweise nur Dunkelheit, die sich selbst
als Dunkelheit wahrnimmt.
Um diese meditative Grenzerfahrung
noch verständlicher zu machen,
hilft vielleicht ein Ausschnitt aus dem schon
vorgestellten altindischen Mythos
von der Entstehung der Welt (Rigveda, 10, 129).
Er klingt so, als wäre er in tiefster Versenkung entstanden –
aus dem Gefühl des Mit-sich-seins-seins heraus:

> *„… Außer diesem Einen gab es nichts anderes.*
> *Damals war nur Finsternis – von Finsternis umhüllt.*
> *All das war ein unergründliches Fluten.*
> *Da war nur Leere – von Leere umhüllt.*
> *Aus ihr tauchte das Eine auf und entfaltete sich –*
> *durch die Macht seiner inneren Hitze… "*

**42. Wenn wir in diesem stillen Versunken-sein
zwischendurch Dinge und Geschehnisse
unterscheiden,
erkennen und mit Worten benennen –
das ist das stille nachdenkliche Versunken-sein.
(vgl. I/17)**

43. Wenn das Bewusstsein frei ist
von störenden Erinnerungen,
dann erscheinen die Dinge und Geschehnisse
als das, was sie sind –
frei von persönlichen Färbungen.
Das ist das stille Versunken-sein –
ohne nachzudenken.

44. Damit ist auch ein weiterer Unterschied erklärt:
In dieser Stille können wir
über die Wahrnehmung
feinster Regungen nachsinnen.
Oder wir können sie wahrnehmen,
ohne darüber nachzusinnen.

45. Die Wahrnehmungen können immer feiner werden.
Sie führen uns bis zur Wahrnehmung
des Feinstofflichen, des Gestaltlosen – des Formlosen.

Kommentar:
Für unser Bewusstsein gibt es immer irgendetwas wahrzunehmen.
Wenn wir in der Stille keine Gedanken mehr wahrnehmen,
dann sind andere, feinere Wahrnehmungen möglich –
bis hin zum Formlosen.

Übung: Meditation über das Formlose

Im Seelenraum verschwinden die Gedanken und hinterlassen – theoretisch – einen leeren Raum.

Aber dieser „leere“ Raum ist nicht leer.
Wir fallen nicht in ein „Nichts“.

Der neu gewonnene Freiraum füllt sich gleich mit neuem Leben,

mit feinsten körperlichen Regungen, Schwingungen
und Empfindungen, die wir jetzt deutlicher wahrnehmen:

Wir spüren das Atmen, das Pulsieren und Vibrieren in den Zellen,
die Energieströme unter der Haut.

In diesem tiefenentspannten Zustand tauchen
dann häufig Bilder auf – vor unserem geistigen Auge.
Sie zeigen erst noch Konturen, Gestalten und Formen.

Irgendwann lösen sich dann auch die Bilder auf –
in Gestaltloses, Formloses. Dann sehen wir nur noch vage Formen
und verschwimmende Figuren.
Nur noch Lichter und Farben, nebelhafte Räume.

Wir gelangen zur Wahrnehmung des Formlosen, des Fließenden.

**46. All diese Zustände des stillen Bewusstseins
enthalten immer noch unbewusste Keime –** ***bijas*****,
Impulse zu seelisch-geistigen Regungen.**

DIE KLARHEIT DES BEWUSSTSEINS

**47. Wenn wir nicht mehr sinnieren
und im Kopf ruhig und klar sind,
dann gewinnt unser ganzer Seelenraum
an Ruhe und Klarheit.**

**48. In diesem Zustand sind wir erfüllt
von der Einsicht
in die Ordnung der Welt.**

Kommentar:
Wenn unser Seelenraum tiefe Klärungsprozesse durchläuft,
dann füllt er sich mit einer ganz besonderen Klarheit und Weisheit.
Sie gewährt tiefe Einsicht – in die Ordnung der Welt, wie sie ist
und/oder wie sie sein sollte.
Sie öffnet unser Bewusstsein für etwas Umfassendes,
uns Verborgenes:

**49. Diese Einsicht erfasst auch
das Besondere, das Verborgene.
Deshalb dringt sie
in ganz andere (entlegenere) Bereiche vor,
als die üblichen Einsichten,
die wir durch allgemeine Überlieferungen
und Überlegungen bekommen.**

Kommentar:
In diesem Zustand – dem Versunken-sein – ist unser Bewusstsein
viel offener und weiter als gewöhnlich.
Es findet Zugang zu Bereichen, die uns sonst verborgen sind.
Wir sind nicht mehr mit Überlieferungen, Überlegungen
und den gewohnten, gedanklichen Einsichten beschäftigt.

Jetzt geschieht tiefere Einsicht – mit unserem ganzen Dasein.
Solche Weisheit kann zu einer neuen Lebenshaltung werden.
So entstehen neue innere Prägungen,
die unser künftiges Verhalten steuern:

50. Aus dieser Einsicht
entstehen neue innere Prägungen.
Sie hindern die alten,
verborgen wirkenden Prägungen – *samskaras* **–**
am Wirken.

Kommentar:
Alte eingeprägte Programme steuern unser Verhalten –
oft wie Automaten. Doch es gibt Hoffnung:
Wir können ihr Wirken unterbrechen,
können lernen, sie abzuschalten –
und neue Programme einzuschalten.
Sie bestehen aus: Innehalten, tief durchatmen
und uns bewusst werden,
was wir da eigentlich tun, bzw. was der innere Antreiber da
gerade mit uns tut. Dadurch können wir die alten Gewohnheiten,
diese mächtigen inneren Macher und Drängler, entmachten
und neue etablieren.
Bemerkenswert ist in diesem Sutra, dass, laut Patanjali,
selbst das Neue und Großartige,
das sich wie eine große Befreiung anfühlt,
auch von eingeprägten Programmen gesteuert wird.
Wer sich also großartig, erleuchtet, frei, erlöst und im Frieden fühlt,
kann jederzeit ernüchtert werden:
Da folgst Du ja wieder einem Programm.
Vielleicht heißt das Programm: „Mein innerer Friede ist mir heilig".
Damit ähnelt es sogar dem Programm von
„ganz normalen" Menschen,
die auch eine gewisse Art von Spiritualität pflegen:
„Meine Ruhe und meinen Frieden soll niemand stören…"

51. Wenn diese neuen Programme
auch noch zur Ruhe kommen,
dann kommt alles zur Ruhe.
Das ist die vollkommene innere Stille – *nirbija-samadhi* **–**
ohne einen Keim/Impuls
zu einer seelisch-geistigen Regung.

Kommentar:
Was für eine Wohltat – solch eine Stille – für Momente.
Ich hoffe nicht, dass hier eine sogenannte
Friedhofsruhe gemeint ist.
Denn ein Leben ganz ohne Impulse/Antriebe kommt
dem Krankheitsbild der Depression oder traumatischen
Erstarrung sehr nahe.

Der dritte Abschnitt

Die folgenden Sutras (II/1-27) bringen (nach J.W. Hauer) wieder eine ganz neue Einführung in den Yoga. Jetzt in den Kriya-Yoga, eine besonders radikale Praxis.

KAP. II: ZIELSTREBIGES ÜBEN – *SADHANA*

DIE LÄSTIGEN TRIEBKRÄFTE – *KLESHAS*

1. Das gehört zum Intensiven Yoga – *kriya-yoga*:
Glutvolle Askese – *tapas*,
eigenes Forschen – in sich und in heiligen Schriften –
und die Hingabe an eine göttliche Macht.

Kommentar:
Im *Kriya-Yoga*, einem besonders intensiven und radikalen Yoga,
gehen die Yogis ihren persönlichen Abgründen auf den Grund.
Kriya, verwandt mit karma, bedeutet: praktisches Tun,
aber auch: Mühe, Opferritus und transformative Arbeit
an sich selbst.
Zentral ist dabei *tapas*, ein Wort, das vieles bedeutet:
Askese, Kasteiung, Qual, Schmerz, Glut, Hitze.
Tapas beschreibt einen harten Weg: Er beginnt mit Askese
und führt über einen Schmerz, der sich in Wärme und
Glut verwandelt – bis zum inneren Feuer. (s. III/40)
Man verzichtet total auf Äußeres
und zieht all seine Energien von äußeren Dingen
und Geschehnissen ab
und bündelt sie für eine lange Zeit im Inneren,
bis sie friedvoll strömende innere Hitze erzeugen,
oder sogar ein inneres Feuer entfachen.
Es wirkt beglückend und heilend wie ein heilsames Fieber.
Das Feuer dieser extremen Erfahrung kann andere,
bisherige Erfahrungen – altes *karma* – verbrennen.
So steht es auch in der Bhagavadgita (IV/19 und 37).
Diese Erfahrung von positiver Askese und innerem Feuer
wurde auch mir einmal zuteil, als ich jung und noch radikal war –

und meine Grenzen erkunden wollte:
Ich verbringe einen halben Sommer in Südfrankreich.
Da lebe ich als Einsiedler im Zelt an einer einsamen Quelle –
und trinke vier Wochen lang nur Quellwasser.
Am Ende schreibe ich darüber ein Gedicht,
das ich hier gerne wiedergebe,
weil es auch das innere Feuer benennt,
und weil es mir Freude macht,
humorvoll auch die Grenzen der Askese aufzuzeigen.
Denn beim Fasten kann man/frau die mentale Fixierung
auf die erlösende erste Mahlzeit nicht so einfach wegmeditieren:

„Vier Wochen Fasten sind vorbei,
segensreiche Quellwasserei,
Leib ausgeputzt – und Seele auch,
auf Haferbrei freut sich mein Bauch.

Die Kniee wackeln noch,
der Kopf richtet sich hoch –
und sieht die Welt ganz neu:
Grande Schlèmmérrei, mmein Hafferrbrrei.

Der Körper wie ein Feuerball, doch schwach,
der Geist fast nur noch wach.
Er ruht jetzt still – gedankenfrei,
außer er denkt an Hafferrbrrei.

Heutzutage muss Askese nicht mehr
mit Kasteiung verbunden sein.
Heute verbreiten sich neue, wohltuende Formen von Askese,
wie etwa der zeitweise Verzicht auf Medienkonsum
und die Weigerung, ständig – über Medien – verfügbar zu sein.
Die partielle Abkehr von äußeren Einflüssen,
von der allgegenwärtigen Fremdbestimmung,
ist heute für viele schon überlebenswichtig geworden.

Wir brauchen sie für unser seelisches Gleichgewicht,
unsere Psychohygiene, die Kultivierung unserer Triebkräfte.
Das führt uns zurück zum Kriya-Yoga:

2. Sein Sinn und Zweck ist es,
das gedankenstille, friedvolle
Einfach-dasein zu erfahren – *samadhi*,
und die lästigen Triebkräfte – *kleshas* **–**
zu sublimieren.

Kommentar:
Gleich zu Beginn wird wieder das große,
für manche ehrfurchtgebietende, legendäre Wort erwähnt: samadhi.
Bei Patanjali wird samadhi, wie schon erwähnt,
gar nicht so hoch gehängt, sondern fast schon vorausgesetzt –
als etwas Selbstverständliches,
etwas Bekanntes: als die Fähigkeit zur Bewusstheit.
Sie ermöglicht uns überhaupt erst die Distanz
zu unserem inneren Geschehen –
und damit Selbstwahrnehmung, Selbstkontrolle
und Selbststeuerung.
Insofern ist sie uns allen irgendwie vertraut –
durch täglichen „Gebrauch".
Die Bewusstheit ist auch die Basis für alle
yogisch-therapeutische Arbeit,
wie z.B. die kleshas, die Triebkräfte, zu sublimieren.
Sie gelten als lästige Hindernisse auf dem Weg der Yogis.

3. Die fünf lästigen Triebkräfte – *kleshas* **– sind:**
Mangelnde Bewusstheit, Ichbezogenheit,
Begehren, Hassen und der Wille zum Leben.

4. Mangelnde Bewusstheit – *avidya* **–**
das ist der Nährboden für die anderen Triebkräfte.

Sie sind schlummernd, sublimiert,
verdrängt oder voll aktiv.

Kommentar:
Die *Kleshas* sind die mehr oder weniger unbewussten
und leidvollen Triebkräfte in uns,
die unser Verhalten steuern und bestimmen –
gemeinsam mit den *Samskaras*, den verborgenen Antrieben.
Diese Mächte haben Macht über uns,
solange es uns an Bewusstheit mangelt.
Patanjali weiß von all diesen Mächten und Mechanismen –
schon 2000 Jahre vor Sigmund Freud`s Psychoanalyse.
Er hat auch, wie Freud, Mittel gefunden,
diese Triebkräfte ins Bewusstsein zu heben und zu sublimieren.
Das entscheidende Mittel dafür ist bei ihm die Bewusstheit.
Die aber schwächelt bei den meisten Menschen.
Das ist das Dilemma.
So drängen diese Kräfte zum unbewussten Ausagieren,
zum Sich-entladen,
und gelangen nur schwer ans Licht des Bewusstseins.
Freud nennt das die Widerstände – gegen Einsichten.
Ganz ähnlich sagt es Patanjali: Die mächtigste und grundlegende
der fünf Triebkräfte ist die mangelnde Bewusstheit,
denn sie ist der Nährboden für die vier anderen.

Diese „Macht des Unbewussten" heißt hier Avidya.
Das Wort kommt von der Wurzel vid, d.h. wissen, erkennen,
erfahren.

Vidya meint das ganz besondere „Wissen", nämlich die Erfahrung,
dass das gewohnte mentale Geschehen für eine Weile ruhen kann.
Das ist die reine Bewusstheit – ohne Bewusstseinsinhalte.
Es ist der Zustand, wo ein Teil Deines Selbst
die anderen Teile mit Abstand wahrnimmt.

Avidya bedeutet, dass Dir diese Bewusstheit fehlt.

Dass Dein Bühnenraum ständig besetzt und in Betrieb ist.
Ohne Ruhepause, ohne Distanz zu ihm.

Leider wird avidya fast immer mit „Nichtwissen“ oder
„Unwissenheit“ übersetzt, so als ginge es bei vidya
um ein zusätzliches Wissen im gewöhnlichen Sinn.
Das führt uns auf eine falsche, eher intellektuelle Fährte,
die am Kern dieser spirituellen Erfahrung vorbeiführt.
Im Folgenden ist Vidya nicht das Gewusste selbst,
sondern die Fähigkeit,
das Gewusste bewusst einzuschätzen
und in sein Wertesystem einzuordnen:

5. Das ist mangelnde Bewusstheit:
Wenn wir Vergängliches
für unvergänglich halten,
Unreines für rein,
Leidvolles für lustvoll
und Unwesentliches am Menschen
für unser eigentliches Wesen – ***atman*****.**

Kommentar:
Die Bewusstheit ist hier die Basis von allem Erkennen,
Beurteilen und Bewerten. Erst wenn Dein Kopf
einigermaßen frei ist, kannst Du wirklich bewerten,
was sinnvoll und wirklich vernünftig ist.
Dann erkennst Du sogar das Wesentliche Deines Menschseins.
Vielleicht hältst Du etwas für unvergänglich und „ewig“, wie z.B.
das „ewig Weibliche“, das „Wesen der Frau“,
die „natürliche Rolle der Frau“.
Und dann stellst Du fest, dass die Rolle der Frau
in matriarchalen Stammeskulturen eine völlig andere war –
und teilweise noch ist –
als in heutigen patriarchalen Gesellschaften.
Ihre Rolle ist also gar nicht „naturgegeben“, schon gar nicht „ewig“.

Sie hat sich in der Geschichte viele Male grundlegend gewandelt.
Oder Du hältst eine bestimmte Situation, etwa einen Job,
für lustvoll und sagst:
„Das ist zwar stressig, aber das macht mir Spaß".
Du sagst das vielleicht so,
weil „man" das in Deinen Kreisen so sagt,
und weil es gerade der Trend ist.
Und dann stellst Du fest, dass das vermeintlich
Lustvolle Dir mehr Stress
und seelische Belastung bereitet, als Du zunächst
wahrhaben wolltest.
Erst diese gedankenfreie Bewusstheit ermöglicht es uns,
unsere wahren Bedürfnisse zu fühlen und zu erkennen.
Und sie von den falschen, uns eingeredeten, zu unterscheiden.

**6. Das ist Ichbezogenheit:
Wenn wir meinen,
unsere gefärbte Wahrnehmung
sei schon die Wahrnehmung
des reinen Betrachters.**

Kommentar:
Der reine Betrachter – der kann erst auftauchen,
wenn die Bühne einigermaßen freigeräumt und gereinigt ist.
Anders gesagt: Ichbezogen sind wir,
solange wir die betriebsame Bühne,
unser erregtes, aufgewühltes, gedankenüberladenes,
projizierendes Ich,
für die Instanz halten, die erkennen kann, was wahr und richtig ist.
Also wenn wir von diesem begrenzt wahrnehmenden
Ich überzeugt sind und glauben,
im Recht zu sein, oder sogar, „die Wahrheit" zu besitzen.
Bei solcher Engstirnigkeit ist es sinnvoll,
den Raum hinter der Stirn zu weiten.
Denn in diesem sogenannten Frontallappen

wird von den Hirnforschern etwa das verortet,
was auch dem reinen Betrachter entspricht.
Wenn wir ihm Raum geben, dann kann er
wie ein inneres Korrektiv wirken –
und uns an unsere Begrenztheit erinnern:
Bilde Dir doch nichts ein auf Deine „Wahrheiten"!

7. Begehren entsteht, wenn wir
dem Lustgewinn verhaftet sind.

8. Hassen entsteht, wenn wir
erfahrenem Schmerz verhaftet sind.

Kommentar:
Begehren und Hassen, Zuneigung und Abneigung –
zwei grundlegende Triebkräfte,
die unsere Wahrnehmung verfärben.
Deshalb gilt es, ihrem Ursprung auf den Grund zu gehen.
Das tut jede gute Psychotherapie. Sie führt uns –
wie auch Patanjali – zu der Einsicht,
dass sich hinter dem Hass ein Schmerz verbirgt.

9. Der Wille zum Leben wirkt
gemäß unserer inneren Natur.
Deshalb wirkt er auch
in den Erleuchteten und Weisen.

Kommentar:
Auch der Selbsterhaltungstrieb,
der ganz natürliche Antrieb zum Leben,
wird hier zu den leidvollen Kräften gezählt.
Das ist für uns Heutige schwer zu verstehen
und schwer zu akzeptieren.
Denn wir erleben heute ja gerade das Gegenteil als leidvoll:
die verbreitete Antriebslosigkeit – etwa in depressiven Phasen.

Wir brauchen einen starken Willen zum Leben –
und starke Antriebe zum Handeln, um unser Leben zu bewältigen.
In Indien, etwa im Buddhismus,
wurde vielfach das Gegenteil angestrebt –
das Nicht-mehr-getrieben-sein (*Nir-vana*),
das Erlöschen aller Antriebe.
Da versuchte der patriarchale Geist, die Natur – samt Lebenstrieb –
zu „bezwingen", zu „überwinden" und sich über sie zu erheben.

Patanjali hingegen respektiert die Macht des Naturgeschehens
und unsere menschliche Begrenztheit.
Für ihn gibt es keine wirkliche Vollkommenheit.
Für ihn sind auch die weisen Männer
vom Willen zum Leben geleitet
und von ihren Bedürfnissen.
Zumindest vom Bedürfnis nach Ruhe und Frieden.

DER UMGANG MIT DEN TRIEBKRÄFTEN

10. Die lästigen Triebkräfte – ***kleshas*** **– sind sehr subtil.**
Wir können sie (nur) auflösen,
indem wir zu ihrem Ursprung zurückkehren.

Kommentar:
Patanjali kennt auch das uns heute vertraute
psychotherapeutische Konzept:
Wenn wir diese treibenden Kräfte entmachten und auflösen wollen,
müssen wir existentiell *zu ihrem Ursprung zurückkehren*,
nachfühlen und ergründen, wie und warum sie entstanden sind.
Und – vor allem – welche leidvolle Geschichte sie
uns mitteilen wollen.

11. Wenn die Triebkräfte als Regungen
ins Bewusstsein drängen,
können wir sie auflösen,
indem wir uns in sie hinein versenken.

Kommentar:
Uns meditativ in unsere Triebregungen hineinversenken –
das ist sicher ein notwendiger erster Schritt.
Damit können wir sie für eine Weile zur Ruhe bringen.
Aber funktioniert das dauerhaft?
Dazu Erfahrungen aus unserer psychotherapeutischen Yogapraxis:
Bettina, eine lebendige und temperamentvolle Frau, Mitte 40,
neigt zu Gefühlswallungen. Oft steigt eine Welle von Wut in ihr auf
und überschwemmt sie. Dann weiß sie nicht –
wohin mit den Gefühlen?
Yogisches Kontrollieren und Beruhigen funktionieren nicht mehr.
Als Erste Hilfe bieten wir ihr dann folgende
praktische Anleitung an:

Übung: Wohin mit den Gefühlen?

„Steh mal bitte auf und finde eine passende Körperhaltung,
eine rhythmische Bewegung oder eine Geste,
die Dein Gefühl ausdrücken...

Atme dabei rhythmisch, tief und tönend!"

B. tut es und kann dadurch ihre Gefühlswogen gleichsam kanalisieren und eingrenzen. Nun wird sie von ihrem Drama nicht mehr so überwältigt, denn sie lenkt es jetzt. Das kathartische Geschehen wird überschaubarer.

So bekommt sie Ein-sicht in das, was da aus ihr ausbrechen will – eine alte Wut. B. bleibt im rhythmischen Ausdruck, stapft auf der Stelle und fokussiert sich gleichzeitig auf die Wahrnehmung dieses Gefühls.

Dadurch kann auch die Beobachterin deutlicher hervortreten, und sie bekommt mehr Distanz zu ihrem Drama. B. beginnt zu fühlen, was dahintersteckt.

Wir fragen: „Woher kommt diese Wut? Welche Situation aus Deiner Vergangenheit kommt Dir in den Sinn?"

Ihr Körper erinnert sich: Als Kind war sie immer die Kleine, die zu kurz kam. Jetzt ist es ein ähnliches Gefühl. Die Wut ist die Wut des inneren Kindes.

Wir fordern B. jetzt auf, die linke Hand auf den Solarplexus zu legen, und mit der rechten Hand das Auf-und-Ab des Atems zu begleiten. So verlangsamt und vertieft sich ihre Atmung. Mit der linken Hand verankert sie sich, so dass die Betrachterin, die Erwachsene in ihr gestärkt wird.

Als die Große kann sie nun die Kleine in sich wohlwollend wahrnehmen und sie „an die Hand nehmen". Die Kleine ist zufrieden, und so kann die Große wieder die Regie übernehmen, und wie eine Erwachsene handeln.

B. weiß nun wieder einmal mehr, was erforderlich ist:

Immer, wenn die Welle von Wut aufsteigt, sollte die Beobachterin
bereitstehen, um sich anzuschauen, was da geschehen will.
Das braucht viel Achtsamkeit gegenüber den eigenen Emotionen.

12. Die Triebkräfte sind unsere Wurzeln.
Sie bringen unser karma hervor –
(Verhalten, Erfahrungen und Prägungen).
Das müssen wir immer wieder erfahren –
im sichtbaren Leben
und im noch nicht sichtbaren Leben.

13. Solange diese Wurzeln am Wirken sind,
reifen auch die Früchte:
Geburt, Leben und Lebenserfahrungen.

14. Diese Früchte enthalten Erfreuliches oder Leidvolles.
Je nachdem, ob sie aus günstigen
oder ungünstigen Lebensumständen hervorgehen.

Kommentar:
In den letzten Sutras ist vom Karma die Rede,
von vielerlei Ursachen und vielerlei Wirkungen.
Auffällig ist, dass Patanjali sich keine simple
moralische Zuordnung erlaubt,
wie etwa „Du erlebst jetzt Schlimmes, weil Du in früheren Leben
Schlimmes getan hast, weil Du Dich schuldig gemacht hast…“.
Er schaut viel genauer hin, auch auf den Lebenswillen
und unsere Lebensumstände.
Sein Blick ist mehr analytisch als moralisch.
Für ihn liegen die Ursachen unseres Karma in den Kleshas,
den Triebkräften, die unser Verhalten steuern.
Sie sind uns teilweise angeboren, so wie der Selbsterhaltungstrieb,
der Wille zum Leben, der auch die Erleuchteten
und Weisen nicht verschont.

Unser jetziges Verhalten ist also weitgehend
von elementaren Triebkräften bestimmt,
und weniger von Vernunft und gutem Willen.
Diese uralte Einsicht wird von heutigen Erfahrungen,
von moderner Psychologie und anderen Wissenschaften
weitgehend bestätigt. Patanjali, ihr Vorläufer, ergründet
die Ursachen menschlichen Verhaltens
nüchtern und ohne moralische Vorurteile oder Glaubenssätze.
Er will einfach nur Zusammenhänge verstehen –
ohne dem Einzelnen die ganze Verantwortung
für sein Schicksal aufzubürden.
Ohne ihm eine „karmische Schuld“ zuzuweisen.
Diese aufgeklärte Sichtweise kann Menschen
mit diffusen Schuldgefühlen entlasten und erleichtern.
Sie hilft vielen, sich selbst besser zu verstehen
und sich zu akzeptieren. Patanjali vertritt nicht die
klassische, moralisch (ver-)urteilende Karmalehre,
sondern eine menschenfreundliche,
analytisch-reflektierte Karmalehre.
Er weitet den Blick und findet viele Ursachen für unser Verhalten.
Es ist nicht nur von unserem bisherigen Verhalten bestimmt,
sondern auch von den Verhältnissen, in denen wir leben.
Unser Leben ist von vielen äußeren Umständen bestimmt.
Und dennoch gibt es innere Freiräume,
die wir uns nehmen können.
Die nächsten Sutras fassen – ganz im buddhistischen Sinn –
diese Gedanken zusammen: Da ist Leid.
Da ist aber auch ein Weg, es zu überwinden.

15. Für diejenigen, die die Verschiedenheit – *viveka* **–
(von betriebsamem und stillem Dasein) erfahren haben,
ist alles (betriebsame) Leben leidvoll.
Denn die Unbeständigkeit des Daseins,
die Bedrängnisse des Lebens
und die verborgenen inneren Antriebe –**

samskaras **– bewirken Leiden.**
Ebenso die inneren Konflikte –
zwischen gegensätzlichen seelischen Kräften.

Kommentar:
Hier hebt Patanjali wieder die Verschiedenheit – *viveka* – hervor,
die Konflikte, mit denen wir leben müssen:
Mal ist unser Seelenraum von Gedanken besetzt,
oder sogar „besessen" und turbulent –
mal ist er für Momente etwas ruhiger und freier.
Diesen Kontrast erleben sensible,
spirituelle Menschen ganz besonders –
vor allem als den Gegensatz zwischen der turbulenten Alltagsarena
und der geschützten, friedlichen Sonntagswelt, der Yoga-Insel.
Durch das häufige Erleben dieses Kontrastes
bist Du vielleicht so sensibilisiert,
dass Du die Alltagsarena zunehmend
als stressig und leidvoll empfindest.
Denn das wohltuende Erleben auf der kleinen spirituellen Insel
weckt häufig neue Bedürfnisse und Ansprüche an das Leben.
Die kann das Leben aber nicht so leicht erfüllen.
Also wird das Dasein als leidvoll erlebt.
Bewusstheit und bewusstes Leben bringen
also nicht nur Glück und Harmonie, sondern auch
eine verfeinerte Sensibilität und Bewusstheit
für die Konflikte und das Leid in der menschlichen Welt.
Dieses kritische Bewusstsein ist für viele,
spirituell, ökologisch und sozial engagierte Menschen unserer Zeit
ein starker Antrieb, nicht nur in sich,
sondern auch in der Welt etwas zu verändern,
um Leid zu verringern:

16. Künftiges Leid kann und soll vermieden werden.

17. Wir können Leid vermeiden,
wenn das Leid daher rührt,
dass unser wahrnehmendes Selbst mit dem,
was wir wahrnehmen, verstrickt ist – *samyoga*.

WAHRNEHMEN – UND WAHRNEHMENDES SELBST

18. Alles, was wir wahrnehmen,
hat drei mögliche Energieformen/Daseinsformen (*gunas*):
Regheit, Trägheit und Ausgewogenheit/Klarheit.
Alles besteht aus Elementen und Sinnesregungen.
Der Sinn des Wahrnehmens ist es,
Erfahrungen zu machen –
und sie dann wieder loszulassen.

19. Diese drei Daseinsformen – *gunas* –
lassen sich einteilen
in das Bestimmbare und das Unbestimmbare,
in das Geformte und das Formlose.

20. Das wahrnehmende Selbst –
das ist die Fähigkeit
zur reinen Wahrnehmung.
Obwohl es völlig rein ist,
so ist seine Wahrnehmung dennoch gefärbt.
Denn wahrnehmen kann es nur
mit Hilfe unserer gefärbten Vorstellungen.

Kommentar:
Kann unsere Wahrnehmung ganz rein und wahr sein?
Patanjali scheint das zu bezweifeln.
Denn er bestätigt unsere Alltagserfahrung:
Wir sehen die Welt immer durch eine gefärbte Brille.
Die Färbung bekommt sie durch unsere Erfahrungen
und Vorstellungen.
Auch wenn sie gefärbt sind, wir brauchen unsere Vorstellungen,

um die Welt wahrnehmen zu können.
Wir brauchen unsere Wahrnehmung, um existieren zu können.
Hier ist Patanjali sehr realistisch und weltbezogen.
Er empfiehlt nicht den vollständigen Rückzug
der Sinne von der Welt,
sondern das Reflektieren über die eigene Wahrnehmung:
Wie nehme ich die Welt wahr? Mit welcher Brille?
Kann ich die Welt überhaupt ohne jegliche Brille
wahrnehmen – ganz rein?
Hier bleiben so manche Fragen offen.

**21. Das, was der reine Betrachter wahrnimmt,
das existiert nur für ihn selbst –** ***atman*****.**

**22. Für den, der diese Sichtweise erreicht hat,
„verschwindet“ das,
was normalerweise wahrgenommen wird.
Aber es besteht trotzdem weiter –
für die anderen Menschen,
die an der normalen Sichtweise teilhaben.**

**23. Das wahrnehmende Selbst (*purusha*)
und das Wahrgenommene (*prakriti*)
sie sind (in uns) eng miteinander verbunden,
beziehungsweise verstrickt – samyoga.
Deshalb können wir
das Wesen dieser beiden Kräfte
verstehen und unterscheiden.**

Kommentar:
Samyoga bedeutet eigentlich etwas Positives:
Verbunden-sein (mit der „Welt“).
Das Verbunden-sein hilft uns zu unterscheiden – *viveka* –
zwischen dem wahrnehmenden Selbst und der „Welt“ (auch in uns):

Im Umgang mit der bewegten „Welt“ – *prakriti* –
werde ich mir meines stillen Selbst – *purusha* – bewusst.
Im Folgenden aber wird das Verbunden-sein mit der Welt
negativ aufgefasst, als ein *Verstrickt-sein* –
aufgrund fehlender Bewusstheit.

24. Jedoch – der Grund für dieses Verstrickt-sein – ***samyoga***
ist Unbewusstheit/das Fehlen von Bewusstheit – ***avidya*****:**

Kommentar:
Hinter avidya steht das traditionelle Yogi-Ideal – *vidya*:
Die absolut reine Bewusstheit –
ohne bindende Bewusstseinsinhalte.
Ein Selbst, das jegliches Verbunden-sein/
Verstrickt-sein aufgelöst hat.
Ein Selbst, das völlig losgelöst und frei in sich ruht: *kaivalya*:

25. Wenn diese Unbewusstheit schwindet,
dann schwindet auch das Verstrickt-sein.
Man löst sich von beiden,
ist reiner Betrachter und innerlich völlig frei – ***kaivalya*****.**

DER ACHTSTUFIGE YOGAWEG

26. Der Weg zur Bewusstheit erfordert:
Sei Dir ständig des Unterschieds – *viveka* – bewusst:
Jetzt ist mein Geist betriebsam –
jetzt ist er stiller Betrachter.

27. So kommst Du zu einer Bewusstheit,
die sich auf die sieben Stufen
(des achtstufigen Yogaweges)
auswirkt.

Kommentar:
Hier vertritt Patanjali eine spannende These,
die für die Yogapraxis enorme Auswirkungen haben kann:
Mit einiger Übung können wir die Erfahrung machen,
dass unser Seelenraum für eine gewisse Zeit still wird.
Und dass zwischen Stille und Betriebsamkeit ein riesiger,
qualitativer Unterschied – viveka – besteht.
Den erfahren wir aber nicht erst am Ende des achtstufigen Weges!
Wir müssen uns nicht jahrelang abmühen,
um dann irgendwann einmal
das Glück der gedankenstillen Momente zu erleben.
Nein, wir müssen nicht endlos darauf warten.
Patanjali geht – wie viele andere spirituelle Lehrer – davon aus,
dass wir solche Momente der Bewusstheit
jederzeit erfahren können – und auch schon erfahren haben.
Denn wir können ja zwischen zwei Gedanken
jederzeit eine Lücke finden
und sie mit bewusstem Atmen füllen und erweitern.
Dann erfahren wir – zumindest für Momente –
diesen qualitativen Unterschied – *viveka.*
Patanjali setzt diese Fähigkeit bei uns Übenden

eigentlich schon voraus, und meint, dass wir sie
auf allen Stufen des Yogaweges anwenden können.
Und sogar müssen:
Der Weg zur Bewusstheit, so sagt er, erfordert es,
dass wir jeden Schritt auf diese bewusste Weise gehen.
Um diese Bewusstheit bemühen wir uns
in unseren psychodynamischen Yogagruppen.
Wir pendeln beispielsweise zwischen zwei oder mehr Asanas –
in einem rhythmisch-tranceartigen Bewegungs-Flow.
Das erleichtert es uns, den Kopf frei zu bekommen
und Viveka zu erleben.
Näheres über diesen meditativen Bewegungsstil steht
bei Sutra II/48.

Der vierte Abschnitt

Die folgenden Verse (II/28 – III/55) bilden (nach J.W. Hauer) den eigentlichen, ausführlichen, ursprünglichen Kern des Yogasutra. Vermutlich wurden die anderen Texte diesem Kern später hinzugefügt.

28. Wenn Du Yoga praktizierst –
auf allen acht Stufen,
dann verschwinden die Störungen.
Licht und Klarheit erscheinen
in Deinem Seelenraum.
Und Du lernst zu unterscheiden – *viveka*:
(zwischen betriebsamem und stillem Geist).

Kommentar:
Yoga soll uns helfen beim Auflösen von inneren Störungen,
wörtlich: Unreinheiten. Denn Störungen hindern uns daran,
die Klarheit des Bewusstseins zu erleben.
Störungen beseitigen – das bedeutet einen tiefen Eingriff

in unsere seelische Struktur, in unsere Persönlichkeit.
Das heißt: Yoga kann selbst schon psychotherapeutisch wirken – bis zu einem gewissen Grad.

29. Die acht Stufen des Yoga sind:

- **– Ein geordnetes Leben führen –** *yama*
- **– Ein asketisches Leben führen –** *niyama*
- **– Eine gute Sitzhaltung einnehmen –** *asana*
- **– Mit der Atemkraft den Energiestrom lenken –** *pranayama*
- **– Seine Fühler einziehen –** *pratyahara*
- **– Sich auf etwas konzentrieren –** *dharana*
- **– Sich an dieses Etwas heften – meditieren –** *dhyana*
- **– Gedankenstilles, friedvolles Einfach-Dasein –** *samadhi*.

EIN GEORDNETES LEBEN FÜHREN

30. Ein geordnetes Leben führen – yama – bedeutet:
Nicht-Verletzen, Wahrhaftig-sein, Nicht-Stehlen,
Maß-Halten und Frei-sein vom Haben-wollen.

31. Diese allgemeinen Grundregeln
gelten für alle Menschen
in allen Lebensbereichen –
unabhängig von Herkunft,
Ort, Zeit und Lebensumständen.

32. Ein asketisches Leben führen – ***niyama*** **– bedeutet:**
Reinheit, Zufriedenheit, glutvolle Askese,
eigenes Forschen – in sich und in heiligen Schriften –
und die Hingabe an eine göttliche Macht.

33. Wird man von schädlichen Gedanken bedrängt,
dann soll man wirksame Gegenkräfte entwickeln.

34. Schädliche Gedanken beziehen sich
auf Gewalt und anderes (Schädigendes).
Die Entwicklung von Gegenkräften bedeutet,
sich bewusst zu machen:
Geht es um ein direktes Tun,
ein indirektes Bewirken oder ein Zulassen?
Ist das Tun durch Begehren,
Zorn oder Verwirrung motiviert?
Ist es geringfügig, mittelmäßig oder exzessiv?
Und: die dauerhaften Folgen dieses Tuns
sind Leiden und Schwinden der Bewusstheit.

Kommentar:
Patanjali ist ein strenger Lehrer. Er fordert
und befördert Selbstwahrnehmung, Einsicht und Selbsterkenntnis.
Wie ein guter Psychotherapeut:
Mach Dir die Motive Deiner Absichten und
Deines Verhaltens bewusst – ganz konkret, bis in alle Einzelheiten.
Patanjali erinnert immer wieder an die Konflikte,
in denen wir leben.
Er beschwört keine Harmonie herauf,
die einfach zu bekommen wäre.
Er beschreibt einen sehr langen und mühsamen Weg –
und bietet keine populären Versprechen oder Abkürzungen an.
Ein wahrhaft großer Meister, der mit Illusionen aufräumt,
der sich und uns nichts vormacht.
Dennoch setzt er enorme, fast naiv wirkende Hoffnungen
in die Kraft der Moral, z.B. die Kraft des gewaltfreien Handelns:

**35. Ist der Yogi im Nicht-Verletzen gefestigt,
dann wird man in seiner Nähe
auf Feindseligkeit verzichten.**

**36. Ist er im Wahrhaftig-sein gefestigt,
dann bereitet er den Nährboden,
der im Handeln – auch anderer Menschen –
bleibende Früchte bringt.**

**37. Ist er im Nicht-Stehlen gefestigt,
so kommen reichliche Schätze zu ihm.**

**38. Ist er im Maß-Halten gefestigt,
dann erlangt er große Seelenstärke.**

**39. Ist er gefestigt im Verzicht auf das Haben-wollen,
dann versteht er mehr vom Sein, vom Wesen des Lebens.**

EIN ASKETISCHES LEBEN FÜHREN

40. **Wer das Gebot der Reinheit einhält,**
der bekommt Distanz gegenüber dem eigenen Körper
und meidet Berührungen mit anderen.

41. **Reinheit führt auch zu Harmonie und Heiterkeit,**
zum Bei-sich-sein –
und zum Beherrschen seiner Sinnesregungen.
Und man wird befähigt,
sein Selbst – *atman* **– zu erkennen.**

42. **Durch Zufriedenheit gelangt man**
zu unübertrefflicher Freude.

43. **Durch glutvolle Askese –** *tapas* **–**
verbrennen die Unreinheiten.
Dadurch gelangt der Körper
mit seinen Sinnen und Organen
zur Vollkommenheit.

44. **Durch eigenes Forschen –**
in sich und in heiligen Schriften –
wird die Verbindung
zur selbst gewählten göttlichen Macht gefestigt.

45. **Durch Hingabe an die göttliche Macht**
gelangt man zum gedankenstillen
und friedvollen Einfach-dasein – *samadhi*.

SITZEN – ATMEN – FÜHLER EINZIEHEN

46. Die Sitzhaltung – ***asana*** **–**
soll aufrecht-stabil und angenehm sein.

47. Du übst die Entspannung aller Spannungen
und versenkst Dich
in einen Zustand unendlicher Weite.

48. Dann wirst Du
von den gegensätzlichen Extremen –
wie Glück und Leid –
nicht mehr so überwältigt.

Kommentar:
Zum Thema Sitzhaltung – Körperhaltung –
stehen hier nur drei Sutras.
Das hat den damaligen Yogis offenbar genügt.
Heute kann das den meisten von uns nicht mehr genügen.
Deshalb haben wir im Westen – als Ergänzung zum bloßen Sitzen –
den Hathayoga importiert und etabliert.
Er hilft heute vielen, ihr Leben zu bewältigen.
Er ist ihnen geradezu ein Segen.
Das ist er auch für mich. Aber ich weiß auch um seine Begrenztheit.
Deshalb möchte ich – aus meiner über 50-jährigen,
vielfältigen Yoga- und Körpererfahrung –
etwas hinzufügen, das sich an die Anhänger*innen
des Hathayoga richtet:
Wir können und sollten die Körperhaltungen so gestalten,
dass das Erleben der Bewusstheit Vorrang
hat vor überlieferten Programmen.
Vorrang vor der Perfektionierung von Asana-Techniken
und Yoga-Leistungen.
Wir sollten unserem Körper nicht autoritär unseren Willen aufzwingen.

Denn damit folgen wir, genau besehen, autoritätsgläubig
dem Willen der traditionellen,
nicht immer lebensfreundlichen Hatha-Yogis.
Was unser Körper heute wirklich braucht und will, das kann –
aufgrund unserer ganz anderen Lebensumstände –
etwas ganz anderes sein.
Was er wirklich braucht, das müssen wir oft erst noch herausfinden.
Wir sollten bei Körper-Übungen aller Art mit dem Körper
so in Dialog treten, dass wir nicht nur auf unser Programm fixiert sind,
sondern auch auf seine Botschaften hören,
dass wir seine Bedürfnisse und Impulse wahrnehmen.
Beispielsweise:

„Ich will mich langsam und rhythmisch, tranceartig bewegen"

„Ich will meine gestauten Gefühle erst einmal kraftvoll ausdrücken"

„Ich brauche Begegnung und sanfte Berührung,
um mich zu spüren"

„Ich will erst nur besinnlich dasitzen
und auf Bewegungsimpulse warten"

All diese natürlichen Impulse enthalten bereits
ein unterstützendes Potential:

Wir sollten unserem Körper vertrauen, dass er weiß, was ihm guttut.
Das heißt, er hat schon eine gewisse Weisheit und Bewusstheit.
Wenn wir nicht nur unserem vorgegebenen Programm folgen,
sondern auch seiner Weisheit und seinen Impulsen,
dann führt er uns zu einer natürlicheren Form des Bewegens: z.B.

Sich erst einmal bewusst recken und räkeln – und gähnen,

Sich mit dem Rumpf rhythmisch schlängeln,

Pendeln zwischen Sich-aufrichten und Sich-sinken-lassen.

Tranceartiges Pendeln zwischen zwei einfachen Asanas.

Das kann allmählich übergehen in ein meditatives Bewegungsritual, z.B. in einen entschleunigten und vereinfachten Sonnengruß.

Solche Bewegungen lassen sich leichter
mit natürlichem Atmen verbinden.
Das wiederum führt auf natürlichem Wege
zu mehr Körper-Bewusstheit.
Das Fazit: Nach unserer Erfahrung
ist der natürliche Einstieg in den Hathayoga:
Anknüpfen an das, was der Körper von sich aus
schon will und gerne tut –
und das allmählich in eine yogische Richtung lenken.
Nach diesem Exkurs in den Hathayoga, in die Vorbereitung,
nun wieder zurück zum eigentlichen, dem meditativen,
transformativen Yoga:

49. Wenn der Körper soweit vorbereitet ist,
beginnst Du mit *pranayama***:**
Mit Deiner Atemkraft – *prana* **–**
lenkst Du den Energiestrom – *prana***.**
Du unterbrichst den gewöhnlichen Rhythmus
von Einatmen und Ausatmen.

Kommentar:
Hier wird eine Atemtechnik empfohlen,
eine Unterbrechung des Gewöhnlichen.
Es ist ein Eingreifen in den natürlichen Atemrhythmus.
Damit lassen sich außergewöhnliche mentale Zustände erzeugen.
Erfahrungsgemäß sind solche Eingriffe aber nur
dann sinnvoll, wenn uns die natürliche Atmung –
als grundlegender Lebensvorgang – vertraut ist.
Doch das ist heutzutage bei vielen Menschen nicht mehr der Fall.
Deshalb will ich im Folgenden
an diese natürliche Grundlage erinnern:
Das wunderbare indische Wort *Prana* bedeutet zugleich Mehreres:

Atemkraft und Lebenskraft, Atmen als Tun und Lebensenergie
als Geschehen. *Prana* verdeutlicht die enge Verbundenheit
und das Ineinanderwirken
dieser beiden körperlichen Prozesse. *Pranayama* heißt dann:
Mit bewusstem Atmen den Strom unserer Lebensenergie lenken.
Für diesen engen Zusammenhang haben wir im Deutschen
kein passendes Wort. Vermutlich deshalb wird *Pranayama*
von den meisten – sehr verkürzt –
einfach mit Atemkontrolle, Atemregelung, Atemtechnik
o.ä. übersetzt.
Das ist sehr schade, denn dadurch
wird die Lebensenergie unterschlagen.
Damit geht das Eigentliche des Yoga verloren:
Unsere Fähigkeit, mit bewusstem Atmen
auf den Energiestrom/Wärmestrom einzuwirken.
Wir können ihn – mit einiger Übung – so lenken,
dass er gleichmäßig alle Glieder und Körperregionen durchströmt,
und schließlich den ganzen Körper erfüllt.
Prana bedeutet wörtlich: Voll-sein, die Fülle.
Diese Fülle, dieses Von-Energie-erfüllt-sein –
das ist das Glücksgefühl.
Hier liegt der Schlüssel, um die Essenz der Yoga-Praxis
zu verstehen:
Die intensive Beschäftigung mit dem Atem
macht ja nur deshalb Sinn,
weil wir über das Atmen unsere energetischen und
seelischen Prozesse steuern und beherrschen können.
So bildet das Atmen die Brücke
zwischen unserem mentalen *Tun* und dem körperlichen Geschehen.
Es bringt uns vom Kopf in den Körper,
bis wir ganz im Körper ruhen.
Und wenn wir „ganz Körper sind“,
hört der Kopf von alleine auf zu denken.
Der Weg zur *Leere* im Kopf führt
über die energetische *Fülle* im Körper.

50. Das Lenken des Atem-Energie-Stroms
hat folgenden Rhythmus:
Ausatmen – Einatmen – Atem-Anhalten.
Dabei beobachtest Du die Körperregionen,
die Zeitdauer und die Anzahl der Atemzüge.
Und Du ziehst den Atem
kaum merklich in die Länge.

Übung: *Pranayama* **– auf natürliche Weise**

Die Übung in diesem Sutra kann uns der natürlichen Atmung
näherbringen – durch drei Momente, die darin enthalten sind:

Den Atem anhalten

Das hat zumeist folgende positive Wirkung:
Nach dem aktiven Atem-Anhalten kommt gewöhnlich von alleine
ein erlösendes, langgezogenes tiefes Ausatmen.
Es ist eine wohltuende Abwärtsbewegung –
vom Kopf in den Bauch.
Dort entsteht ein Atem-Nachholbedarf: lang und tief einzuatmen.
Wenn der Atembedarf gestillt ist, dann empfiehlt es sich,
nach einem tiefen Ausatmen dem Bauch eine erholsame Pause
zu gönnen. Du kannst nun warten, bis sie auf natürliche Weise endet,
ohne aktiv einatmend einzugreifen. Stattdessen wartest Du,
bis im unteren Bauchraum das Einatmen ganz von alleine kommt.
Du lässt es geschehen.
Es wird zunächst den ganzen Bauchraum füllen
und dann langgezogen nach oben steigen und,
wenn Du da offen bist, auch den Brustraum füllen.

Das Atemgeschehen beobachten

Das Beobachten führt im Allgemeinen alleine schon dazu,
dass die Atmung sich verlangsamt und vertieft.

Ein interessantes Phänomen.
Du musst also nicht viel tun. Allein das Beobachten ändert schon viel.

Den Atem in die Länge ziehen

Prana kommt von der Wurzel *pra*:
In die Länge ziehen, Ausweiten, Füllen, Erfüllen.
Und dieses – eigentlich natürliche – Sich-füllen geschieht,
indem wir das Atmen durch Beobachten ganz bewusst
in die Länge ziehen. Wir lassen ihm Zeit, uns mit neuer Kraft
zu erfüllen und neu zu beleben.
Diese elementare Atem-Bewusstheit könnten wir uns aneignen.
Und so verinnerlichen, dass sie auch in alltäglichen Bewegungen
und Betätigungen ihren Platz bekommt –
bei häuslicher, handwerklicher
oder gärtnerischer Arbeit, beim Wandern.
Und sogar beim Gerätetraining im Fitnessstudio:
Die Hebel des Geräts zu Dir ranziehen – beim Einatmen,
und sie von Dir wegschieben – mit wohltuendem,
langgezogenen Ausatmen. Das habe ich – in der Reha – genossen.
Auch, dabei noch lustvoll-dezent, aber hörbar zu stöhnen.
Wenn Du dazu den Mut hast, dann wird wahrscheinlich
ein Nachbar fragen: „Ist alles in Ordnung?“

51. Es gibt eine vierte Art,
den Atem-Energie-Strom zu lenken.
Dabei erhebt er Dich
über die äußeren und inneren Sinneseindrücke.

52. Dadurch schwindet der Schleier,
der Licht und Klarheit verhüllt.

Kommentar:
Wenn wir ganz in den Atem-Energie-Strom eintauchen,
und uns ihm überlassen, dann trägt er uns

fort in tiefere Versenkung.
So entsteht das Glücksgefühl, den reinen Energiestrom/
Wärmestrom zu spüren,
Dieser beglückende, große reine Energiestrom
ist ein so starker sinnlicher Eindruck, dass er die anderen,
kleineren Sinneseindrücke überdeckt.
Sie verlieren ihre Wichtigkeit,
und der wichtigere Atem-Energie-Strom
kann uns über sie erheben. Das Unwichtige geht in ihm unter.
Dann sind wir – in unserem Erleben – reine Energie,
neutralisierte Energie.
Sie ist einfach da, strömt einfach so,
ohne etwas Bestimmtes zu wollen,
ohne zu einer bestimmten Bewegung oder Handlung zu drängen.
Das ist das Beglückende, Lichtvolle, Befreiende.
So erleben wir die Klarheit des reinen Da-seins.
Die Sinneseindrücke können diese Klarheit
nicht mehr trüben oder verhüllen.

53. Und Dein Geist wird befähigt,
sich gut zu konzentrieren.

54. Pratyahara bedeutet:
Du löst Deine Fühler (Sinne)
von den äußeren Dingen und Geschehnissen –
und ziehst sie ganz nach innen.
Das ist wie ein Eintauchen in den stillen,
natürlichen Zustand des Geistes.

55. So erlangst Du vollkommene Kontrolle
über Deine Sinnesregungen.

KAP. III: AUẞERGEWÖHNLICHE FÄHIGKEITEN ERLANGEN – *VIBHUTI*

DER KERN DES YOGA – SICH IN ETWAS VERSENKEN

1. Sich konzentrieren – *dharana* – bedeutet:
Du heftest Dein Bewusstsein
an einen eingegrenzten Bereich,
ein bestimmtes Geschehen.

2. Daraus entsteht
das Meditieren – *dhyana*:
Dein Bewusstsein wird –
wie von einem magischen Band –
zu diesem bestimmten Geschehen hingezogen.

Patanjali macht hier einen deutlichen Unterschied
zwischen Konzentrieren und Meditieren,
und doch gehen beide allmählich ineinander über.
Das möchte ich am Beispiel einer Atemübung veranschaulichen.

Übung: Vom Konzentrieren zum Meditieren

Wir konzentrieren uns auf einen eingegrenzten Bereich, auf das Atemgeschehen – zwischen Unterbauch und Drittem Auge.

Diese Konzentration alleine kann das Atemgeschehen
bereits verändern. Denn es bekommt besondere Zuwendung,
und wird dadurch mit mehr Bedeutung aufgeladen.
Es bekommt mehr Gewicht in Deiner Wahrnehmung.

Es ist so, als würdest Du in Deinem Atemraum

ein Magnetfeld aufbauen, das so attraktiv ist,
dass es Deine Wahrnehmung noch stärker anzieht.

Das Magnetfeld übernimmt mehr und mehr die Aufgabe
der Anziehung. Und Du musst Dich weniger anstrengen,
weniger konzentrieren.

Du kannst die Kontrolle etwas lockern, loslassen
und Dich dem Magnetfeld, dem Atemgeschehen überlassen.

Dieses Geschehen verwandelt sich dann gleichsam in ein Tun.
Es sorgt dafür, dass Deine Aufmerksamkeit zu ihm
hingezogen wird – wie von einem magischen Band.
Das nennt Patanjali *Meditieren.*

**3. Wenn dann nur noch
dieses Geschehen als solches aufscheint –
und Du Dich (als tätiges Subjekt)
gleichsam auflöst –
das ist *samadhi*: Das gedankenstille
und friedvolle Einfach-dasein.**

**4. Diese drei Stufen ergeben zusammen
ein Ganzes: Sich (in etwas) versenken – *samyama*.**

Kommentar:
Die Verbindung dieser drei obersten Stufen ist auffällig.
In ihr zeigt Patanjali sehr deutlich seine spirituelle Position:
In der Versenkung – *samyama* – sind wir meditativ,
ganz mit uns verbunden,
gleichzeitig aber auch offen für etwas Anderes, Äußeres –
und vertiefen uns ganz konzentriert da hinein.
Das ist für ihn – und für mich – kein Widerspruch.
Beides gehört zusammen. Die Gedankenstille – *samadhi*,
das ist hier nicht das eigentliche Ziel.
Das ist zwar die höchste der acht Stufen,

aber noch lange nicht die Endstufe.
Denn jetzt geht es darum, diese Erfahrung nicht nur zu genießen,
sondern sie auch sinnvoll, sozial und therapeutisch zu nutzen:
Mit diesem stillen, klaren Geist in seiner Innenwelt aufzuräumen,
und sich mit einem freien, klaren Kopf auch den Aufgaben
in der Außenwelt zuzuwenden, sich in etwas zu vertiefen.
Die Fähigkeit, einfach nur Betrachter*in zu sein
und sich betrachtend in etwas zu versenken,
das gehört zum Wesen des Menschen.
Und auch zu unseren wesentlichen Kulturpraktiken.
In der Schule und in vielen Berufen
wird stillschweigend vorausgesetzt,
dass wir den Kopf frei haben und imstande sind,
uns länger zu konzentrieren.
Uns rituell-meditativ versenken, in Annäherung an *Samyama*,
das kultivieren wir – zumeist intuitiv –
bei kulturellen Veranstaltungen:
Vortrag, Lesung, Konzert, Theater, Kino –
aber auch Gottesdienst, Feierstunde,
Chorsingen, Gesprächsrunde, Yogastunde….

5. Wenn es Dir gelingt,
Dich richtig zu versenken,
dann strahlt in Dir
das klare Licht der Vernunft.

Kommentar:
Das klare Licht der Vernunft –
es ist das Licht der Erleuchteten, *enlightenment*,
und ebenso das Licht der Aufklärung, *enlightenment.*
Es ist das gleiche *innere Licht.*
Die einen begnügen sich damit, es im Inneren leuchten zu lassen.
Andere, wie Patanjali, lassen es auch nach außen strahlen,
um auch die Geschehnisse der Welt zu durchleuchten. –
Vernunft meint hier die Fähigkeit zu ver-nehmen.

Ein klarer, offener, vernünftiger Geist kann vieles ver-nehmen.
Er ver-nimmt die einfache Stille in der spirituellen Sphäre
und gleichzeitig die komplexen Geschehnisse
in der sozialen Sphäre.
Er ist offen für Göttliches und Weltliches zugleich.
Er kann vieles aufnehmen, auf sich wirken lassen – und verstehen.
Dank dem inneren Licht.

6. Dich versenken – das solltest Du auf allen Yogastufen, in allen Lebensbereichen praktizieren.

Kommentar:
Diese Sätze über die Versenkung sind für mich
eine Schlüsselstelle des gesamten Yogasutra.
Sich in etwas versenken – das kennen wir alle.
Das dürfte jedem/jeder vertraut sein –
von den verschiedensten Tätigkeiten her:
Als Kinder versenken wir uns in unser Spiel, ins Schreiben-lernen,
in unsere Hausaufgaben, ins Malen, ins Basteln.
Später versenken wir uns ins Lesen von Büchern, ins Schreiben,
ins Musik-hören oder Musik-machen.
Auch ins Betrachten schöner Dinge oder Landschaften,
in ein vertrauensvolles Gespräch, ins Zuhören,
in Zuneigung und Liebe.
Ebenso in Hobbies, in handwerkliche Tätigkeiten
und in berufliche Aufgaben.
Diese Liste kann jede/r für sich persönlich fortsetzen –
und sich bewusst machen: Ja, dieses Tun ist mir wichtig,
da kann ich mich hinein vertiefen, da kann ich abschalten,
das tut mir gut.
Sich versenken – was heißt das genau?
Laut Patanjali gehören dazu zwei wesentliche,
scheinbar konträre Momente:
Die friedvolle innere Stille – *samadhi* –

und die Konzentration – *dharana*:
Aus der Stille und Ruhe heraus konzentrieren wir uns
auf etwas Bestimmtes,
auf ein Tun, ein Geschehen, ein Objekt.
Und dieses konzentrierte Bei-etwas-dranbleiben –
das wiederum wirkt beruhigend auf unser Bewusstsein.
Diesen positiven Kreislauf nenne ich die Dialektik der Versenkung:
Wir fokussieren uns auf ein angenehmes „Objekt",
und das „Objekt" wird zum „Subjekt" und wirkt
angenehm und anziehend auf uns zurück, und verändert
unser Befinden positiv. Wir kommen in Resonanz
mit dem Geschehen, in das wir uns versenken.
Ich frage gerne Menschen, die ich gut kenne,
nach solchen Erfahrungen.
Viele von ihnen erzählen von spirituellen Momenten:
Bei einem Angler wird der Kopf ganz leer,
wenn er länger aufs Wasser schaut.
Einem Segler geht es ähnlich,
wenn der Wind ihm den Kopf frei pustet.
Ein Schreiner meint, er liebe seine Tätigkeit,
denn da sei er ganz beim Holz und beim Werkzeug
und könne an nichts anderes denken.
Ein Landwirt betrachtet seine Tiere auf der Weide
und sagt mir: „Du, ich glaube ich meditiere.
Da sind keine Gedanken mehr in meinem Kopf".
Und eine Schriftstellerin berichtet:
„Bevor ich anfange zu schreiben,
muss ich mich erstmal leer machen…".
Und eine Frau in unserem Dorf verbringt den Abend
gerne mit ihrem Mann auf der Terrasse im Liegestuhl.
Sie betrachten den Sternenhimmel
und lassen die Gedanken wegziehen.
Solche meditative Haltungen dem Leben gegenüber
kommen dem Kern des Yoga sehr nah.
Oder: Das ist schon Yoga – auf natürliche Art.

7. Diese drei Stufen bilden –
gegenüber den vorhergehenden (fünf Stufen) –
den eigentlichen Kern des Yoga.

8. Allerdings ist dieser innere Kern
auch nur äußerlich –
gegenüber der Versenkung,
die gar keinen Keim/Impuls
zu einer Regung mehr hat.

Sich innerlich wandeln und entwickeln

9. Die regen Phasen in unserem Bewusstsein
tauchen auf und verschwinden wieder.
Ebenso tauchen die ruhigen Phasen auf
und verschwinden wieder.
Beide Phasen werden
von latent wirkenden Programmen – *samskaras* **– gesteuert.**
Wenn sich unser Bewusstsein
in einen Augenblick der Ruhe vertieft,
dann entsteht daraus ein Prozess des Ruhigwerdens.

Kommentar:
Die Erregung kommt und vergeht wieder. Das ist tröstlich.
Ebenso tröstlich ist, dass die mühsam erworbene yogische Ruhe
zwar mal verschwindet, aber dann doch wiederkommt.
Patanjali sieht unser spirituelles Leben
nicht als eine lineare, stetige Entwicklung zum Höheren.
Er sieht uns ständigen Schwankungen und Turbulenzen ausgesetzt,
die von unseren inneren Programmen gesteuert werden.
Da scheint nicht viel Spielraum für Freiheit zu sein.
Doch der letzte Satz des Sutra ist auch wieder tröstlich:
Wir haben die Freiheit, einen günstigen
„Augenblick der Ruhe“ zu nutzen,
so dass daraus ein „Prozess der Beruhigung“ entsteht.
Solche Augenblicke überkommen uns im Alltag –
oft ganz unscheinbar.
Beispielsweise, wenn wir vor einem Regal stehen,
wo wir etwas suchen wollten,
und plötzlich einen geistigen Aussetzer haben:
Was wollte ich jetzt eigentlich?
Da zeigt unser Hirn uns offenbar

seine Übermüdung und seinen Willen:
Ich brauche dringend eine Pause.
Ganz ähnlich ist es, wenn wir den Impuls spüren, zu gähnen.
Da lädt uns unsere innere Natur ein,
in einen Yogaprozess einzusteigen.
Wenn wir das Gähnen ungehemmt zulassen und noch vertiefen,
dann durchlaufen wir sechs Stufen des achtstufigen Yogaweges.
Jede/r kann das an sich selbst erleben:

Übung: Das Gähnen – ein naturgesteuerter Yoga

Hierbei geschieht alles von alleine –
von einem „Naturprogramm" gesteuert:

Ein spontaner Reflex reißt Deinen Mund weit auf. Dabei werden
Gesichts- und Nackenmuskeln kraftvoll und wohltuend angespannt
– und die Muskeln um den Mund herum extrem gedehnt
(Stufe 3: Körperhaltung).

Gleichzeitig ergreift Dich eine aufsteigende Atemwelle
und weitet Deinen Brustkorb außergewöhnlich.
Am oberen Wendepunkt hältst Du für einige Sekunden die Luft an
(Stufe 4: Lenken des Atemenergiestroms).

Dabei drückt die Gesichtsgymnastik Deine Augen zu,
so dass Dir „Hören und Sehen vergeht".
Deine Sinneswahrnehmung wird ganz nach innen gelenkt
(Stufe 5: Fühler einziehen).

Sie richtet sich ganz auf das körperliche Geschehen im Kopf
und im Rumpf (Stufe 6: Konzentration).

Das Denken ist in diesem Zustand nicht möglich
und schaltet sich von alleine ab (Stufe 7: Meditation).

Der Kopf erlebt Ruhe und Frieden
(Stufe 8: Gedankenstilles Einfach-dasein).

Nach diesem Wendepunkt geschieht ein natürliches,

oft tönendes Ausatmen. Es kann auch
in ein lautes, lustvolles Stöhnen übergehen.

Das bringt Erleichterung, Erfrischung
und ein Stück seelische Befreiung.
Dieses Wohlfühlen weckt in Dir vielleicht die „Lust auf Mehr".

Dann wiederholst Du das Gähnen einige Male.
Zunehmend kannst Du den Prozess auch steuern,
ihn von einem unwillkürlichen Naturgeschehen
in ein bewusstes Tun umwandeln.

Du kannst ihn auch erweitern zu einer spontanen Yogaübung,
indem Du die Hände am Hinterkopf verschränkst –
und Dich genussvoll dehnst, reckst und räkelst.
So bringst Du Dich zugleich in einen Prozess
der körperlichen Belebung und der seelischen Beruhigung.

10. Wenn die zunehmende Ruhe friedlich dahinströmt – auch das geschieht durch ein latent wirkendes Programm – ***samskara*****.**

Kommentar:
Diese tiefblickende Einsicht ist höchst bemerkenswert:
Wir sind lange nicht so frei, wie wir glauben.
Auch wenn wir uns friedlich, erhaben und dem
Gewöhnlichen enthoben fühlen,
so müssen wir doch einsehen,
dass auch diese spirituellen „Errungenschaften"
von eingeübten inneren Programmen gesteuert werden.
Aber immerhin: Wir haben die Freiheit,
solche Programme einzuüben.
Und die Natur unterstützt uns dabei – wie beim Gähnen.

11. Wenn Dein Geist nicht mehr von den vielerlei Dingen

und Geschehnissen abgelenkt wird,
sondern sich nur noch
in *ein* Wesentliches vertieft –
das ist der Prozess,
innerlich still und mit Dir eins zu werden – *samadhi*.

12. Das ist auch der Prozess,
wo Du Dich in *ein* Ding
oder *ein* Geschehnis so vertiefst,
dass es in Deinem Bewusstsein
gleichzeitig still und rege ist.
Beides ist gleichwertig.

Kommentar:
Auf Deiner inneren Bühne ist es „gleichzeitig still und rege".
Das verstehe ich so, wie ich es tagtäglich erlebe:
Auf meiner Bühne ist es mental zumeist ziemlich still.
Das heißt, die Gedanken tanzen nicht mehr kreuz und quer,
beliebig oder zufällig über die Bühne.
Auch nicht mehr überfallartig, mächtig und zwanghaft.
Sie betreten die Bühne jetzt eher geordnet, bedächtig, verlangsamt.
Und vor allem: Ein Gedanke nach dem anderen.
Eine Regung nach der anderen.
So bleibt die Bühne still und überschaubar.
Ich kann den Überblick bewahren und mit den
einzelnen Regungen einigermaßen kontrolliert umgehen.
Um es im Bild von der Bühne auszudrücken:
Bei allem Wechselhaften,
was da auf den Bühnenbrettern geschieht –
so spüre ich doch immer die gleichen Bretter unter meinen Füßen.
Die gleichbleibende Stille des Bühnenbodens
und die wechselhaften Regungen, Ereignisse und Szenen –
beide Zustände erlebe ich gleichzeitig. Beide gelten als gleichwertig.
Ähnliches steht auch schon im Sutra I/17

über die nachdenkliche Stille – oder das stille Nachdenken.

13. Damit sind auch
die drei Verwandlungen erklärt,
die im Körper und in den Sinnesregungen
vor sich gehen:
Da wandeln sich:
die Dinge/Geschehnisse,
ihr Erscheinen
und der Zustand des Bewusstseins.

14. Das Bewusstsein und die Phänomene,
die in ihm auftauchen –
sie durchlaufen die gleichen Wandlungen:
Sie sind ruhig, rege oder nicht benennbar.

15. Die unterschiedlichen Sinnesregungen
bewirken im Bewusstsein
unterschiedliche Wandlungen.

16. Wenn wir uns in diese drei
Wandlungsprozesse vertiefen,
dann können wir
Vergangenes und Zukünftiges erkennen.

17. Wenn wir Worte, Vorstellungen
und Dinge/Geschehnisse
falsch aufeinander beziehen,
dann entsteht Verwirrung.
Wenn wir uns hinein versenken,
die drei genau zu unterscheiden,
dann verstehen wir die Sprache aller Lebewesen.

Übung: eine meditative Kommunikation

Das Sensationelle des letzten Satzes liegt wohl in weiter Ferne.
Viel näher liegt uns das alltägliche Gelingen von Verständigung,
Dabei ist es wichtig, drei Ebenen stimmig aufeinander zu beziehen:
Worte – Vorstellungen – und das, was geschieht. Als Beispiel:
Stell Dir vor, in Deiner Partnerschaft gibt es eine Unstimmigkeit.
Ihr seid beide verletzt, könnt es aber
nicht so deutlich fühlen und formulieren.
Stattdessen macht Ihr Euch gegenseitig Vorwürfe.
Der Streit eskaliert zu einem schnellen Wortwechsel.
Das heißt, Ihr lasst Euch nicht genügend Zeit,
hinter die Worte zu fühlen.
Daraus entsteht Verwirrung.
Patanjali empfiehlt hier, ähnlich wie die
Gewaltfreie Kommunikation (GfK), sich in diese
drei Ebenen zu versenken und sie einander stimmig zuzuordnen.
Dabei gibt es drei entscheidende Schritte:

Du erlebst sinnliche Eindrücke, hast Empfindungen und Gefühle –
und lässt Dir ausreichend Zeit, sie genauer wahrzunehmen.
Du spürst, dass Du verletzt bist.

So entstehen in Dir Vorstellungen und Bilder –
über Dein Verletzt-sein.Über das, was wichtig ist
und was gesagt werden will. Du lässt Dir ausreichend Zeit,
dafür die passenden Worte zu finden.

Jetzt kommt der entscheidende große Schritt:
vom sinnlichen Eindruck zum sprachlichen Ausdruck.
Wenn Du Dir – mit tiefem Durchatmen –
dafür ausreichend Zeit lässt, gelingt es vielleicht,
ganz einfach zu sagen: „Du, ich fühl mich verletzt –
das hat mir wehgetan“. Oder: „Das tut mir leid“.

Mit solchen Sätzen lässt sich bekanntlich
so mancher Streit friedlich beilegen.

Kommunikation in Beziehungen gelingt umso besser,
je mehr sie vom Sich-in-sich-selbst-versenken begleitet ist.
Kommunikation ist in vielen Fällen zu ergänzen –
durch Meditation im weitesten Sinne. Durch Selbstwahrnehmung.

SICH-VERSENKEN – IN DEN SEELENRAUM

18. Versenke Dich in Deine
Unbewussten Antriebe – ***samskaras*** **–**
und lass sie bewusst werden.
Dann bekommst Du tiefere Einsicht
in Dein bisheriges Leben.

Kommentar:
Hier zeigt Patanjali einen Weg, wie er auch
in der heutigen spirituellen Psychotherapie begangen wird:
Zuerst gehen wir in einen Zustand der Bewusstheit,
zu einem sicheren und stillen Ort in uns.
Von dort aus betrachten wir das, was uns verunsichern könnte.
Das, was in uns wirkt und drängt. Das klingt grundsätzlich gut.
Die Frage ist allerdings, wie oben schon erwähnt, ob das ausreicht,
um die *Samskaras* aus ihrem Versteck hervor zu locken,
und sie so zu aktivieren, dass sie lebendig und fühlbar werden.
Wahrscheinlich brauchen wir heute massivere,
auch äußere Anstöße.
Meditation ist in vielen Fällen durch Kommunikation zu ergänzen.

19. Versenke Dich
in Deine Vorstellungen.
Dann bekommst Du Einsicht
in die Vorstellungswelt anderer Menschen.

20. Aber Du bekommst keine Einsicht
in das reale Geschehen,
das ihrer Vorstellungswelt zugrunde liegt.
Denn das kann nicht
zum Gegenstand Deiner Wahrnehmung werden.

Kommentar:
Dieses Kapitel III handelt von außergewöhnlichen Fähigkeiten und Kräften.
Beispielsweise, sich in andere hinein versetzen zu können.
Solche Einsichten, Einfühlungen und Wahrnehmungen sind große Gaben.
Ihnen sind jedoch klare Grenzen gesetzt.

21. Wenn der Yogi sich tief
in seine Körperkonturen versenkt,
dann schwindet die Fähigkeit,
sie detailliert wahrzunehmen.
Denn die Verbindung zwischen Körperphänomenen
und wahrnehmendem inneren Auge löst sich auf.
So wird der Körper des Yogi (für ihn selbst)
„unsichtbar".

Kommentar:
Dieser Satz wird gewöhnlich so übersetzt, als könne sich der Yogi vor den Augen anderer Menschen unsichtbar machen.
Viele glauben an solche Fähigkeiten. Mein common sense lässt mich zweifeln. Ob Patanjali an solche Wunder geglaubt hat, das wissen wir nicht.
Da seine ganze Haltung aber eher eine kritisch-aufgeklärte ist, vermute ich, dieser Satz ist ganz anders zu deuten, nämlich als ein innerpsychischer Zustand:
Der Körper „verschwindet" nicht für die Augen der anderen, sondern nur für die Augen des Meditierenden selbst.
Die meisten von uns werden solch ein Phänomen kennen:
Wenn wir in ganz tiefer Entspannung sind,
also „ganz weit weg" sind,
wenn die Formen und Konturen des Körpers
sich in der Selbstwahrnehmung „auflösen",
dann erleben wir uns so, als würde der Körper „verschwinden".

Dann erleben wir uns als reine, formlose Energie,
als reines Geschehen, ohne Vorstellungen und Bilder,
wobei die Ich-Grenzen sich auflösen.
Solch ein Gefühl nannten Romain Rolland und Sigmund Freud
ein „ozeanisches Gefühl".

22. Unsere bisherigen Lebenserfahrungen
wirken ständig weiter.
Das geschieht deutlich spürbar und bewusst
oder auch subtil und verborgen.
Wenn wir uns da hineinversenken,
bekommen wir Einsicht
in unser künftiges Ende
oder ahnen künftiges Unheil.

23. Versenke Dich in Freundschaft
und andere positive Werte –
wie Mitgefühl und Gleichmut (vgl. I/33).
Das bringt Dir großartige seelische Kräfte.

24. Versenke Dich in große Kräfte,
dann fühlst Du Kräfte
wie die eines Elefanten –
oder anderer großer Tiere.

25. Versenke Dich
in die Betrachtung innerer Vorgänge
und Veränderungen.
Das führt Dich zu Einsichten
in Subtiles, Verdrängtes und Abgelegenes.

SICH-VERSENKEN – IN DAS NATURGESCHEHEN

26. Sich-versenken in die Sonne –
das bringt Wissen über das Weltall.

27. Sich-versenken in den Mond –
das bringt Wissen über die Ordnung der Gestirne.

28. Sich-versenken in den Polarstern –
das bringt Wissen über den Lauf der Gestirne.

Kommentar:
Diese drei Sutras fallen ziemlich aus dem Rahmen.
Und doch passen sie in das Gesamtbild
dieses forschungsfreudigen Yogameisters.
Sein Streben – nach innerer Klarheit und innerem Licht –
gibt sich nicht zufrieden mit der Erleuchtung
und dem persönlichen Glück.
Er will sein Licht auch in die Welt hinein leuchten lassen.
Er will nicht nur die Innenwelt gründlich erforschen,
sondern auch die Außenwelt, das Himmelsgeschehen,
den Lauf der Gestirne und den Lauf des Lebens.
Er will, wie alle Aufklärer, nicht nur spekulieren und glauben,
sondern genau hinschauen und erforschen: Was geschieht denn da?
Er will erkunden, verstehen und Erklärungen finden.

SICH-VERSENKEN – IN DAS KÖRPERGESCHEHEN

**29. Versenke Dich
in den Bereich Deines Nabels.
Dann wirst Du Deinen Körper
als Ganzes wahrnehmen.**

Was hier nur knapp angedeutet wird, möchte ich ausführlicher erklären – mit Hilfe einer kleinen, aber tief wirkenden Übung:

Übung: Reise durch die inneren Stockwerke:

Fühle Dich ein in den Bereich Deines Nabels,
in den unteren Bauchraum, und spüre,
wie dort das Einatmen beginnt.

Verfolge, wie die Atemkraft aufsteigt –
über den Herzraum in den Kopfraum.
Und wie das Ausatmen unterhalb des Nabels wieder endet.
Dabei ist es gut, den Nabel noch weiter nach innen zu ziehen.

Stell Dir vor: Dein Atem pendelt durch Dein inneres Gehäuse,
durch diese drei Räume, Stockwerke – wie ein Fahrstuhl,
den Du selber steuern kannst.

Wenn er im Erdgeschoss/Unterbauch ankommt,
dann verweile dort ein wenig länger,
bis das Einatmen von alleine geschieht –
und der Atemlift von alleine wieder aufsteigt.
So fährt er immer auf und ab.

Konzentriere Dich auf den Unterbauch, den unteren Wendepunkt –
vom Ausatmen zum Einatmen. Und dann auf die Nasenwurzel,
den oberen Wendepunkt – vom Einatmen zum Ausatmen.

Beides im Wechsel. So verbindest Du die beiden Wendepunkte,

die gegensätzlichen Pole.

Stell Dir vor, wie der Fahrstuhl die verschiedenen Stockwerke miteinander verbindet. Versuche, die Ruhe aus dem Bauchraum in den unruhigen Kopf zu bringen – und die unruhigen Gedanken in den Bauch zu transportieren, wo sie sich auflösen.

Im Atmen hast Du ein Fahrzeug, mit dem Du die drei Räume so verbinden kannst, dass Du Deinen *Körper als ein Ganzes* wahrnehmen und erleben kannst, wie Patanjali sagt.

30. Versenke Dich in Deine Halsgrube.
Dann verschwinden Hunger und Durst.

31. Versenke Dich in die schildkrötenförmige Höhlung – unter dem Brustbein.
Das gibt Dir innere Stabilität.

Auch dieses Sutra möchte ich mit Hilfe einer Übung erlebbar machen:

Übung: Die innere Stabilität

Diese Höhlung liegt auf der Höhe des Zwerchfells und markiert den Übergang – vom Bauchraum zum Brustraum, dem Fühlraum. Von der beruhigenden Bauchatmung zur Brustatmung, mit der eher Gefühle aktiviert werden.

Je offener und durchlässiger dieser Übergang ist, desto leichter wird es Dir fallen, voll durchzuatmen, also Bauch- und Brustatmung zu verbinden – und damit auch mehr Gefühle zuzulassen.

Diese Höhlung in der Mitte des Rumpfes ist also auch eine Schlüsselstelle, eine Tür zum Gefühlsleben, die Du vielleicht als offen, vielleicht auch als verschlossen wahrnimmst.

Wenn Du Dich in sie hinein versenkst,
dann kann sie sich weiter öffnen.
Du kannst verborgene Gefühle aufspüren,
sie neu durchfühlen, verwandeln und mit ihnen vertrauter werden.
Das gibt Dir mehr Selbst-Sicherheit –
Vielleicht mehr innere Stabilität, wie Patanjali verspricht.

Diese meditative Übung kannst Du mit vielen
bekannten Yoga-Haltungen und -bewegungen verbinden –
zu einer Meditation in sanfter Bewegung.

**32. Versenke Dich in das Licht unter der Schädeldecke.
Dann siehst Du vollendete Wesen.**

33. Oder Du erfährst das alles durch Eingebungen.

**34. Versenke Dich in Deinen Herzraum.
Dann wird Dir Dein seelisches Geschehen bewusst.**

Auch dieses Sutra lässt sich wunderbar
in eine praktische Übung umsetzen:

Übung: Verborgene Gefühle aufspüren

Mit jedem Atemzug kann Dein Atem
an Deinem Herzen vorbei strömen und es liebevoll streicheln.
So kann es aufweichen und sich öffnen.

Diese stille Herzmeditation wird intensiver und dynamischer,
wenn Du Dich dabei schlängelst: Beim Ausatmen sinkst Du
mit rundem Rücken ein wenig in Dich zusammen.
Beim Einatmen lässt Du zu, dass die aufsteigende Atemkraft
Deinen Rumpf wieder voll aufrichtet und hochreckt.

So wird Dein Herzraum abwechselnd gedrückt und gestreckt,
also gleichsam weichmassiert.

Die in ihm eingeprägten Härten können aufweichen.

Je mehr Härten, Beengungen und starre Regeln
unser Leben geprägt haben, desto härter, enger und erstarrter
ist dann unser Herzraum/Atemraum, der Raum des Fühlens.

Dann atmet er kaum noch mit und wird kaum noch bewusst
gefühlt. Oder nur noch als ein einschnürendes Korsett
in der Leibesmitte, als ein Schutzschild auf der Brust,
mit dem wir uns vor schmerzhaften Gefühlen schützen.

Wenn wir diese energetischen Blockaden allmählich auflösen,
dann öffnen wir auch den Zugang zu den uralten,
tieferen, schmerzhaften primären Gefühlen,
die sich hinter und in diesem Schutzwall verborgen haben –
besonders Angst und Schmerz.

Denn immer, wenn wir auf einen chronisch angespannten Muskel
einwirken, dann rühren wir auch an ein verborgenes Gefühl,
das sich ausdrücken will.
Wenn wir das zulassen und das Gefühl befreien, dann haben wir
in unserem Seelenraum wieder ein Stück weit aufgeräumt.

Und irgendwann ist er ziemlich freigeräumt,
so dass wir das Einfach-präsent-sein erfahren können:

**35. Bei unseren alltäglichen Erfahrungen
unterscheiden unsere Vorstellungen
nicht zwischen dem alltäglichen Dasein –** *sattva* **–
und dem Einfach-Betrachter-sein –** *purusha***.
Doch die beiden sind essentiell verschieden
und dienen unterschiedlichen Zwecken.
Wenn wir uns da hinein versenken,
dann erfahren wir das stille
Einfach-Betrachter-sein –** *purusha***.**

WEGE ZU AUßERGEWÖHNLICHEN FÄHIGKEITEN

36. Daraus entstehen außergewöhnliche Eingebungen – beim Hören, Fühlen, Sehen, Schmecken und Riechen.

37. Für den erregten Geist sind sie erstrebenswerte, außergewöhnliche Fähigkeiten – *siddhis*.
Aber für den gedankenstillen, friedvollen Geist – *samadhi*
sind sie nur Störungen.

Kommentar:
Wenn wir meditieren, können sensationelle Wahrnehmungen
auftauchen: Traumbilder, Visionen, „Erscheinungen",
„Stimmen hören",
Begegnungen mit höheren Wesen, mit Außerirdischen usw.
Viele neigen dazu, sie als außergewöhnliche Errungenschaften
zu rühmen. Patanjali würde uns
da vielleicht mit seinen Sutras (I, 5-11)
ganz nüchtern auffordern, uns zu fragen:
Welche der fünf Arten von Vorstellungen tauchen denn da auf?
Wie hoch ist denn ihr Gehalt an Wirklichkeit?
Und wieviel ist Einbildung?
Diese skeptische Grundhaltung
gegenüber dem eigenen fantasievollen Geist
ist in den folgenden Sutras mal mehr, mal weniger deutlich.
Es bleibt offen, wie viel von dem Geschilderten
wörtlich zu verstehen ist,
und wieviel sinnbildlich – gleichnishaft.
Deshalb lasse ich die meisten der folgenden Sutras unkommentiert.

38. Wenn sich die Bindung an den Körper lockert und man versteht, aus ihm „auszutreten",

dann kann sich das Bewusstsein
in einen anderen Körper hineinversetzen.

39. Wenn der Yogi
die aufsteigende Lebenskraft beherrscht,
dann überwindet er Wasser,
Sumpf, Dornen oder ähnliches –
und bleibt nicht darin hängen.

40. Wenn er den ganzen Körper beatmen
und mit strömender Energie anfüllen kann,
dann wird er wie leuchtendes Feuer.

Kommentar:
Solch einen Zustand habe ich leibhaftig erlebt:
Nach meinem vierwöchigen Fasten war mein
„Körper wie ein Feuerball",
wie ich es im Anschluss an Sutra II/1 beschrieben habe.
Auch andere haben solche Zustände erlebt, etwa durch moderne körpertherapeutische Atemtechniken, wie Holotropes Atmen und Rebirthing. Dabei wird der ganze Körper beatmet – und das innere Feuer entfacht.

41. Versenkt er sich in die Beziehung
zwischen Hören und leerem Raum,
dann bekommt er ein göttliches Gehör.

42. Versenkt sich der Yogi in die Beziehung
zwischen Körper und leerem Raum
und gelangt er in einen Zustand von Leichtigkeit –
so wie Baumwollflocken,
dann kann er gleichsam
im leeren Raum herumwandern.

43. Wenn er sich loslöst
    von allem Äußeren, Körperlichen,
    dann fühlt er die „große Körperlosigkeit“.
    Dabei schwindet der Schleier,
    der das Licht der Erkenntnis verhüllt.

44. Der Yogi kann sich in die Elemente versenken,
    in ihren Stoff, ihre Form und ihre Feinheiten.
    Ebenso in ihr Zusammenwirken
    und ihre Bedeutung.
    Dadurch erlangt er
    Macht über die Elemente.

45. Dabei gelangt er zu außergewöhnlichen Fähigkeiten,
    z.B. extrem klein zu werden.
    Der Körper erlangt Vollkommenheit –
    und seine innere Ordnung
    wird durch nichts mehr erschüttert.

46. Die Vollkommenheit des Körpers bedeutet:
    Eine schöne Gestalt, Anmut, Kraft
    und eine diamantene Festigkeit.

47. Versenke Dich in Deine Sinnesregungen,
    in Deine seelische Struktur,
    in das Gefühl „Das bin ich“,
    in das Zusammenwirken der Kräfte
    und in Sinn und Bedeutung des Ganzen.
    So erlangst Du Kontrolle
    über Deine Sinnesregungen.

48. Dadurch weitet sich Dein Bewusstsein.
Du löst Dich von der Fixierung auf das Körperliche und erlangst Macht über Deine innere Natur.

DAS UNTERSCHEIDUNGSVERMÖGEN ENTWICKELN

49. Wenn Du die essentielle Verschiedenheit –
von betriebsamem Dasein – *sattva*
und stillem Betrachter-sein – *purusha* **–**
voll verinnerlicht hast
und davon ganz erfüllt bist,
dann erlangst Du Macht
über Deine Seelenzustände –
und eine alles durchdringende Weisheit.

50. Allerdings – Macht und Weisheit
enthalten immer noch Keime –
(Versuchungen), Unheilvolles zu tun.
Wenn der Yogi die auch noch loslässt,
dann ist er innerlich völlig frei – *kaivalya.*

Kommentar:
Hier werden drei Prozesse benannt, die im Idealfall aufeinander folgen:

Durch jahrelanges Üben erlangt der Yogi
außergewöhnliche Macht – und Weisheit.

Dann sollte er sich aber auch bewusst werden, dass in dieser Macht
immer noch Keime (Versuchungen und Gefahren) enthalten sind,
dieses Potential zu missbrauchen und Unheil zu bewirken.

Wenn er das erkennt, sollte er diese Keime auch noch loslassen.
Denn erst dann erfährt er das völlige innere Frei-sein – *kaivalya.*

Patanjali schildert hier in zahlreichen Sutras,
welche außergewöhnliche Macht die Yogis erlangen können:
Macht über ihre Sinnesregungen, ihre Seelenzustände
und ihren Körper,

Macht über ihre innere Natur
und Macht über die Elemente der Natur,
sogar die Macht, die Naturgesetze zu überschreiten,
zu transzendieren.
Die Liste der sensationellen Fähigkeiten ist lang
und beeindruckend.
Aber Patanjali lässt sich nicht so leicht beeindrucken.
Er bleibt skeptisch und ambivalent
gegenüber diesen Macht-Bestrebungen.
Er sieht wohl, dass viele Yogis infiziert sind
vom patriarchalen Geist des Mächtig-seins, des Beherrschens.
Yogis erheben sich gerne über die Welt der gewöhnlichen Menschen
und streben zu den höchsten, himmlischen Höhen.
Dieses Streben nach Grenzenlosigkeit,
nach Macht und Vollkommenheit
hat, wie wir wissen, auch seine gefährlichen Schattenseiten.
Hier werden sie deutlich angesprochen:

51. Wenn der Yogi in diesem Zustand
von höheren, himmlischen Wesen
bewundert und eingeladen wird,
dann soll er sich darauf nichts einbilden –
und sich nicht mit ihnen einlassen.
Sonst entsteht wieder
eine unheilvolle Abhängigkeit.

52. Versenkst Du Dich in den Augenblick – das Jetzt,
und beobachtest sein Fortschreiten,
dann erkennst Du
die essentielle Verschiedenheit – *viveka*:
Jetzt ist Betrieb, jetzt ist Betrachten.
Daraus erwächst Unterscheidungsvermögen.

53. Mit dieser Fähigkeit kannst Du auch
zwischen zwei Phänomenen unterscheiden,
die als völlig gleich erscheinen,
weil ihre Verschiedenheit –
in Ort, Herkunft und Eigenheit –
der gewöhnlichen Wahrnehmung nicht auffällt.

54. Aus dem Unterscheidungsvermögen
entsteht eine weise Weltsicht,
die etwas Befreiendes hat:
Sie betrachtet alle Phänomene,
betrachtet sie in jeder Hinsicht
und folgt keinem bestimmten Schema.

55. Wenn das alltägliche Dasein – ***sattva*** **–**
von gleicher Reinheit ist
wie das Einfach-Betrachter-sein – ***purusha*****,**
dann ist man innerlich völlig frei – ***kaivalya*****.**

Der fünfte Abschnitt

Die folgenden Sutras (IV/1-34) sind vermutlich auch dem Urtext später hinzugefügt worden. Sie beschäftigen sich mit den Wandlungen im Bewusstsein des Einzelnen – *nirmana-citta.* Sie sind mehr philosophisch ausgerichtet als die anderen Textteile. Vermutlich sollen sie dazu dienen, den theoretischen Standort des Yogasutra deutlich zu machen – gegenüber den vielen anderen Theorien jener Zeit.

KAP. IV: INNERE BEFREIUNG - *KAIVALYA*

DER MENSCH – TEIL DES NATURGESCHEHENS

1. Außergewöhnliche Fähigkeiten – ***siddhis*** **–**
entstehen durch besondere Lebensumstände,
durch pflanzliche Substanzen – (Drogen?),
durch Rezitieren von Mantras,
durch glutvolle Askese
oder durch vollkommenen inneren Frieden – samadhi.

2. Der Prozess der Verwandlung,
der uns zu neuem Leben führt,
entsteht aus der Fülle der Möglichkeiten,
die das Naturgeschehen – ***prakriti*** **– uns bietet.**

3. Unser menschliches Wirken
ist nicht der (alleinige) Urheber
der Wandlungen im Naturgeschehen.
Aber es kann Hindernisse beseitigen –
so wie es der Bauer tut (z.B. bei der Bewässerung).

Kommentar:
Hier wird uns Menschen wieder die Begrenztheit
unseres Handelns und Bewirkens aufgezeigt.
Wie viel an Verwandlung können wir bewirken?
Und wer ist denn das Wir, das Ich, das etwas verändert?
Patanjali geht mit der Idee des Ich sehr behutsam um.
Wo in seinem Menschenbild wäre ein handelndes Ich,
wie wir es uns vorstellen, anzusiedeln?
Wenn wir sagen „*Ich* habe das bewirkt“,
dann würde Patanjali daran erinnern,

dass unser „tätiges Ich" auch ein Teil des Naturgeschehens ist
und nach psychischen Gesetzmäßigkeiten abläuft –
nach eingespielten bio-psycho-sozialen Mustern.
die uns selten bewusst sind.
Erst wenn das wahrnehmende Selbst
die eingespielten Spiele durchschaut,
dann entsteht ein bewusstes Tun.
Dann könnten wir vielleicht sagen: „*Ich* habe das getan".
Aber genau besehen habe ich es nicht *alleine* getan,
sondern die Natur in mir hat es bewirkt.
Dieser selbstkritische Gedanke wird jetzt noch vertieft:

**4. Die Wandlungen im Bewusstsein
der vielen unterschiedlichen Menschen
entspringen dem (allen gemeinsamen) Ichbewusstsein.**

**5. Die seelisch-geistigen Regungen in jedem Einzelnen
sind sehr unterschiedlich.
Jedoch – diese Vielfalt hat nur einen Urheber:
das eine große Selbst –** ***citta*** **(*atman*).**

UNSERE INNEREN PRÄGUNGEN

6. Unter den vielen inneren Vorgängen
ist das Meditieren der Vorgang,
der keine unbewussten Prägungen hinterlässt.

7. Die Handlungen und Erfahrungen – *karma* – eines Yogi
sind weder licht noch dunkel –
(also „jenseits von gut und böse").
Die der anderen Menschen sind von dreierlei Art –
licht, dunkel und gemischt.

8. Diese drei Arten von *karma*
entwickeln sich unterschiedlich.
Dementsprechend hinterlassen sie auch unterschiedliche,
latent weiterwirkende Eindrücke – *vasanas.*

9. Diese (bleibenden) Eindrücke haben sich –
durch Ort, Zeit und Lebensumstände –
weit entfernt von den seelischen Eindrücken,
aus denen sie (einst) entstanden sind.
Dennoch wirken sie ständig weiter.
Denn die bewussten Erinnerungen
und die unbewusst weiterwirkenden Programme – *samskaras*
– bilden ein zusammenhängendes Ganzes.

10. Diese Eindrücke
sind beständig am Wirken,
weil der Wille zum Leben beständig wirkt.

11. Diese Eindrücke beruhen
auf dem Zusammenwirken von vier Kräften:
die Ursache, (der Wille zum Leben),
die Auswirkungen, (unser Verhalten),
unsere seelische Grundlage
und die äußeren Einflüsse.
Deshalb gilt:
Wenn diese vier Kräfte
nicht mehr wirken,
dann werden auch
die Eindrücke nicht mehr aktiviert.

DAS WELTGESCHEHEN WAHRNEHMEN

12. Vergangenheit und Zukunft
haben ihre je eigene Gestalt.
Denn die Dinge und Geschehnisse
verändern sich im Wandel der Zeiten.

13. Sie sind deutlich sichtbar oder verborgen.
Sie sind von Natur aus getragen
von den drei Energieformen – *gunas*.

Kommentar:
Die drei Energieformen oder Daseinsformen –
das sind Regheit, Trägheit und Ausgewogenheit/Klarheit.
Alles was in der Natur existiert und geschieht,
lässt sich einer dieser drei Formen des Daseins zuordnen.

14. Das Dasein der einzelnen Dinge und Geschehnisse
beruht auf dem Einen,
dem großen Naturgeschehen,
das sich ständig wandelt.

Kommentar:
Woraus die Welt besteht, das sind „Dinge und Geschehnisse".
Wie komme ich zu dieser ungewöhnlichen Formulierung?
Alle Übersetzer*innen sprechen hier und in entsprechenden
anderen Sutras stereotyp von
„Objekten, Dingen oder Gegenständen".
Damit folgen sie dem üblichen westlich-patriarchalen
Sprachgebrauch.
Er hat die Welt verdinglicht, um sie besser handhaben
und beherrschen zu können.
So ist beispielsweise aus dem lateinischen Wort Mater –

für Mutter Erde – das Wort Materie entstanden.
Zunächst bedeutete es Bauholz/Material.
Die einst verehrte Heilige Mutter Erde wurde ent-heiligt
und erniedrigt – zum bloßen profanen Stoff, den man ausbeuten darf.

Die geistige Struktur der deutschen Sprache suggeriert uns,
wir lebten in einer Welt von Dingen, Gegenständen,
Sachen, Tat-sachen, Ur-sachen, Sach-verhalten, Sach-zwängen.
In der versachlichten Welt ist die Haupt-sache,
dass man „sachlich bleibt" –
und ja nicht „persönlich wird".
Nur dann wird man
ernst genommen.
In der „Welt der Dinge" zählt sogar Religiöses, Unfassbares
zu den „letzten Dingen",
und der Philosoph I. Kant nennt sogar
das Nicht-Erkennbare das „Ding an sich".
Der patriarchale Geist teilt die Welt in Dinge auf.
Diese Weltsicht haben wir alle tief verinnerlicht.
Wir können sie in uns feststellen,
wenn wir uns in unsere Sprachgewohnheiten vertiefen –
und sie mal ganz neu durchfühlen.
So können wir zu einer neuen Weltsicht kommen:
Wenn wir meditieren oder unser Innenleben sensibel beobachten,
dann nehmen wir kaum noch Dinge oder Gegenstände wahr,
sondern eher Regungen, Empfindungen, Vorgänge, Prozesse,
subtile Ereignisse. Also vor allem Geschehnisse.
Deshalb übersetze ich die betreffenden Stellen
mit „Dinge und Geschehnisse". Noch genauer wäre:
Das, was da geschieht.
Je achtsamer und meditativer wir die Welt betrachten,
desto mehr können wir sie als ein großes Geschehen begreifen,
in dem alle Geschehnisse miteinander verbunden sind:
vom Weltgeschehen, Kriegsgeschehen und Börsengeschehen
über das Dorfgeschehen und Beziehungsgeschehen

bis zum seelischen Geschehen und dem zellulären Geschehen.
Selbst in den Atomen – so sagen Physiker – löst sich die Materie
letztlich in Energie auf, in Prozesse – in ein Geschehen.
Das ist die vielgepriesene Nähe von Quantenphysik
und indischer Mystik.

**15. Auch wenn die einzelnen Dinge und Geschehnisse
sich gleichbleiben,
so werden sie doch
von unterschiedlichen Subjekten
unterschiedlich wahrgenommen.
Deshalb bleibt immer eine Differenz
zwischen beiden bestehen -
(zwischen Wahrnehmbarem und Wahrnehmendem)**

Kommentar:
Was auch immer da existiert oder geschieht – jede/r sieht es anders.
Wenn wir durch eine Landschaft wandern, nehmen wir sie
mit den Augen eines Wanderers wahr. Mountainbiker,
Autofahrer, Landwirte, Drachenflieger –
sie alle haben ihren je eigenen Blick auf die gleiche Landschaft.
Jeder sieht sie durch seine ganz spezielle, persönliche Brille.
Beim Betrachten einer Landschaft sind diese Differenzen
nicht so gravierend.
Aber beim Betrachten und Beurteilen unserer sozialen oder
gar politischen Landschaft sind sie von existentieller Bedeutung.
Allein schon in unserem Beziehungsleben
sind Differenzen alltäglich.
Ein Konsens über das, was da gerade geschieht oder geschehen ist,
über das, was wahr und was richtig ist, ist oft nur schwer möglich.
So kann kaum jemand beanspruchen,
im Besitz der Wahrheit zu sein.
Denn am Zugang zur Wahrheit hindert uns
die grundsätzliche Differenz

zwischen dem Geschehenden und dem Wahrnehmenden.
Sich dieser Differenz immer bewusst zu sein –
das ist ein Grundgedanke der westlichen Aufklärung.
Und auch Patanjali vertritt ihn. Als Anhänger einer dualen Weltsicht
betont er fortwährend diese Differenz –
zwischen *prakriti* und *purusha.*
Also – jeder Geist macht sich sein eigenes Bild von der Welt.
Dieser Gedanke wurde und wird aber von vielen Esoterikern
egozentriert überzogen und verdreht:
„Mit Deinem Geist schaffst Du Dir Deine Welt.
Sie ist nur ein Produkt Deines Geistes.
Die Welt ist nur eine Illusion.
Sie existiert nur in Deinem Bewusstsein.....“
Diese selbstherrliche Attitüde gab es anscheinend schon
zu Patanjalis Zeiten. Denn er polemisiert –
im folgenden Sutra – heftig dagegen:

16. Die Dinge und Geschehnisse
existieren keineswegs nur
in der Vorstellung des einzelnen Bewusstseins.
Diese Auffassung ist nicht überzeugend.
Denn wie könnte dann überhaupt etwas existieren?

17. Dinge und Geschehnisse
werden genau oder weniger genau wahrgenommen.
Je nachdem, wie sie das Vorverständnis
in unserem Bewusstsein schon vorgefärbt haben.

Das innere Geschehen und sein Betrachter

18. Die seelisch-geistigen Regungen – *vrittis* **–**
in unserem Bewusstsein – *citta* **–**
sind jederzeit wahrnehmbar.
Denn der stille Betrachter – *purusha* **–**
ist beständig präsent
und von diesen Regungen unabhängig.

Kommentar:
Der Betrachter ist potentiell immer da,
aber kommt nicht immer zum Einsatz.
Zumeist spielt sich das Bühnengeschehen einfach so ab,
ohne dass wir dem Betrachter die Chance geben, es wahrzunehmen.
Dann haben wir keine Distanz zu unserer belebten Bühne –
und nehmen unser Bühnenleben nicht bewusst wahr:

19. Das rege Bewusstsein
bescheint sich nicht selbst.
Denn es ist selbst nur Erscheinung –
für den stillen Betrachter.

20. Auch kann das Bewusstsein
nicht beides gleichzeitig sein,
(das Geschehen und der Betrachter).

21. Wenn eine bewegte Gedankenwelt
durch eine ebensolche wahrgenommen wird,
dann drehen sich
die beiden Gedankenwelten im Kreis.
Ihre Inhalte vermischen sich

und stiften Verwirrung.

Kommentar:
Diese Sutren beziehe ich auf das Schauspiel, das wir
in unserer alltäglichen Kommunikation erleben:
Wenn zwei Menschen – etwa in der Partnerschaft –
ihre Gedanken austauschen und dabei jeder
in seiner Gedankenwelt gefangen ist,
dann drehen sich die Gedanken im Kreis.
Beide stecken in einer Art Gedankenkarussell,
geistig gefangen und verwirrt –
und es gibt zunächst keinen Ausweg.

**22. Wenn wir uns aber als reine Betrachter
in das Getriebe der Gedankenwelt vertiefen,
ohne uns darin zu verstricken,
dann werden wir uns
unserer eigenen Erkenntnisfähigkeit bewusst.**

Kommentar:
Den Ausweg aus dieser Misere finden wir erst dann,
wenn beide Partner, oder zunächst eine/r von beiden,
tief durchatmet,
sein/ihr Gedankenkarussell verlangsamt, sich zurücknimmt,
sich an den Rand der Bühne begibt, und von da aus
das Getriebe der Gedankenwelt distanziert betrachtet –
ohne sich darin zu verstricken.
Diese Fähigkeit brauchen wir in der Partnerschaft ganz besonders,
etwa in einem festgefahrenen Beziehungsgespräch,
oder im allzu bekannten leidigen Hick-Hack,
den eingespielten Reiz-Reaktions-Mechanismen.
Da kann das neue Programm viel helfen,
wenn wir es eingeübt haben:
Wir müssen nicht auf jedes Reizwort automatenhaft reagieren.
Zwischen Reiz und Reaktion können wir

eine Lücke entstehen lassen.
Einen Zwischenraum, der die Chance bietet,
auch die Gefühle und Motive wahrzunehmen,
die sich hinter den Gedanken verbergen.
Jetzt ist Platz für Ein-sichten,
für einen neuen selbstkritischen Blick auf das,
was da gerade geschieht:
Welches alte Drama, welche Szenen spiele ich
da eben wieder mal durch?
Welcher Antreiber – *samskara* – treibt mich dazu?
Will ich das wirklich so?
Was will ich stattdessen? Solche ein-sichtigen Fragen
führen gewöhnlich zu neuen Ideen, Erkenntnissen und Impulsen.
Zu Auswegen aus der Routine des Gewohnten –
zur Lösung von Beziehungsproblemen, zu mehr sozialem Frieden.
So bietet Yoga eine Chance: Bevor wir reden, sollten wir erst einmal
richtig in Kontakt zu gehen und einen *Beziehungsraum* schaffen.
Eine Atmosphäre, in der Achtsamkeit, Respekt, Zuhören,
Verstehen, Fühlen, Liebe und Vernunft einkehren können.

**23. Wenn unser seelisches Geschehen gleichermaßen
von dem Wahrnehmbaren gefärbt
und vom wahrnehmenden Selbst beleuchtet wird,
dann kann alles wahrgenommen werden.**

Kommentar:
Das heißt: Wir öffnen uns und weiten
den Horizont unserer Wahrnehmung.
Dann können wir auch das bisher Verborgene wahrnehmen,
das Unbewusste.
Gewöhnlich ist das, was wir wahrnehmen,
nur ein Ausschnitt von dem,
was potentiell wahrnehmbar ist. Unsere Wahrnehmung ist immer
irgendwie begrenzt und unvollständig. Das hat viele Gründe.
Einer ist:

Unser Bühnenraum ist belebt von unendlich
vielen seelisch-geistigen Regungen.
Sie sind das potentiell Wahrnehmbare,
das unser Bühnengeschehen färbt.
Aber das Wahrnehmbare wird nicht immer wahrgenommen.
Denn vieles können und wollen wir gar nicht bewusst wahrnehmen
und beleuchten. Das würde unser Bewusstsein überfordern.
Deshalb filtert es und betreibt die selektive Wahrnehmung.
Es wählt aus, was beleuchtet werden soll und was nicht.
Diese Auswahl geschieht mehr oder weniger unbewusst.
Sie folgt unseren Denk- und Fühl-Gewohnheiten,
unseren Neigungen, Interessen, Bedürfnissen –
unseren psychischen Automatismen.
Aber wenn wir uns innerlich leer werden lassen,
uns betrachtend zurücklehnen
und das wahrnehmende Selbst mehr Raum bekommt,
dann kann es – mit seiner Leuchtkraft –
noch viel mehr Wahrnehmbares beleuchten und ans Licht bringen.
Dann weitet sich unser geistiger Horizont derart,
dass wir mit unserer Vernunft, der Fähigkeit zum Ver-nehmen,
irgendwann einmal vielleicht „alles wahrnehmen",
wie Patanjali verheißt.

24. Unser Bewusstsein ist zwar
von unzähligen Sinneseindrücken belebt,
aber es dient doch
einem anderen, höheren Zweck.
Den kann es nur gemeinsam
mit dem wahrnehmenden Selbst erfüllen.

PATANJALI UND SIGMUND FREUD

25. Wenn wir in uns die Verschiedenheit – *vishesha* **–**
(von betriebsamem Dasein und betrachtendem Dasein)
erfahren haben,
dann überwinden wir die irrige Vorstellung,
das betriebsame Selbst
sei schon unser eigentliches Selbst – *atman***.**

26. Dann sinkt das Bewusstsein
immer tiefer in diese Unterscheidung – *viveka* **–**
und taucht ein
in den Frieden des inneren Frei-seins – *kaivalya***.**

Kommentar:
In den Sutras dieses Abschnitts wird das Bild,
das Patanjali von uns Menschen entwirft,
noch einmal ganz deutlich:
Wir leben immer in einer Dualität.
Unser geistig-spirituelles Leben ist im Allgemeinen ein Pendeln
zwischen den zwei gegensätzlichen Zuständen, den zwei Polen:
Unser Selbst ist entweder in Betrieb – oder im stillen Betrachten.
Patanjali erinnert uns in vielen Sutras an *Viveka*:
uns bewusst zu sein,
in welchem der beiden Zustände wir uns gerade befinden.
Natürlich – je bewusster wir leben,
desto häufiger erleben wir die Stille.
Aber dauerhafte Stille ist uns nicht vergönnt. Denn:

27. In diesen Frieden hinein
drängen immer wieder andere,
störende Vorstellungen.
Das bewirken unsere verborgenen Antriebe – *samskaras***.**

Kommentar:
Der innere Frieden ist nicht von Dauer.
Er wird immer wieder unterbrochen
von der Natur in uns, die solch einen dauerhaften
Frieden nicht vorgesehen hat.
Sie kennt keinen friedlichen Endzustand,
keine Erlösung von der Dualität.
Leben ist – seinem Wesen nach –
immer in Bewegung und im Wandel.
In einer endlosen Begegnung und Auseinandersetzung
zwischen diesen beiden Kraftfeldern, Daseinsformen,
die wir im Viveka erleben.
Wir Menschen sind immer genötigt,
uns mit der Natur in uns auseinanderzusetzen.

Wenn ich Patanjali recht verstehe, dann sollten wir nicht versuchen,
dieser irdischen Dualität voreilig zu entfliehen.
Wir sollten sie akzeptieren
und die inneren Gegensätze und Widersprüche
als Herausforderung verstehen,
als Antrieb, der unsere innere Entwicklung voranbringt.

Das Ringen um den inneren Freiraum

Im letzten, dem nächsten und einigen anderen Sutras (II/10, 11, 54)
tauchen Formulierungen auf, die alle zusammen
ein bestimmtes Bild ergeben.
Ein Bild, das die duale Lehre des Patanjali
anschaulich-fühlbar zusammenfasst:

Da ist einerseits unser Seelenraum, der Raum unseres Bewusstseins,
purusha, den wir möglichst friedlich und frei erleben möchten.

Da sind andererseits die zahllosen Kräfte unserer inneren Natur,
prakriti, die diesen Raum bedrängen, stören, und belästigen.

Gewöhnlich sind wir bedrängt von vielen Eindrücken,
die auf uns einstürmen und
unsere stille Seeleninsel sogar zu überfluten drohen.
Deshalb mobilisieren wir ständig
verschiedene Abwehrmechanismen,
um uns gegen diese Bedrängungen zu wehren.
Wenn wir unsere Fühler einziehen
und ganz bei uns sind, dann sind wir stark
und positiv genug, um diese Eindrücke von uns fernzuhalten.
Dann erleben wir, dass der Seelenraum weniger
oder nicht mehr bedrängt wird.
So findet, laut Patanjali, in uns ein ständiges Ringen statt –
zwischen dem auf Ruhe fokussierten Selbst und
seinen unruhigen Bedrängern.
Das sind die seelisch-geistigen Regungen, die *Vrittis*,
und die Triebkräfte, die *Kleshas* und *Samskaras*.

Das Selbst und das Ich

Dieses eindrucksvolle Bild von der Bedrängung des Seelenraums
erscheint nun nicht nur bei Patanjali, sondern auch
in der westlichen Psychotherapie – mit anderen Bezeichnungen.
Diese Parallele finde ich höchst bemerkenswert,
denn sie hat segensreiche Folgen, wie wir gleich sehen werden:
Den potentiell freien inneren Raum,
den Patanjali und die spirituellen Lehrer das Selbst nennen,
den nennen die Psychotherapeuten das Ich.
Also den Raum, den Ich-Raum,
in dem dieses innere Ringen stattfindet.
Den Raum, in dem bewusstes Wahrnehmen,
vernünftiges Urteilen, Überlegen und Entscheiden geschehen.
Wobei dieses positiv verstandene, bewusste Ich
etwas völlig anderes ist,
als das vielgeschmähte „Ego".
Das bedeutet: Das *Selbst* und das *Ich* – beide Begriffe beruhen
auf dem idealen Bild von einem mehr oder weniger

freien Raum in uns,
den wir schützen, hüten und pflegen können – und müssen,
wenn er weniger bedrängt und freier werden und bleiben soll.
Dieser innere Freiraum ist der Nährboden für beide –
für das Selbst und das Ich.
Ich will das näher erläutern:

Das „arme Ich“ bei Sigmund Freud

Ähnlich wie Patanjali, allerdings umfangreicher,
präziser und differenzierter,
beschreibt Sigmund Freud, wie unser *Ich*
von drei Seiten bedrängt wird.
Ich gebe seine Theorie, sein Bild vom westlichen
Menschen um 1900, zunächst mit meinen Worten –
vereinfacht und veranschaulicht – wieder:

Die *Außenwelt* bedrängt Dich mit ihren vielen Forderungen,
mit den täglichen Pflichten, dem Trubel.
Mit dem vielen „Ich muss noch....“ Das ist das Realitätsprinzip.

Die *Innenwelt* bedrängt Dich mit ihren vielen Wünschen
und Bedürfnissen, die Du Dir nicht erfüllen kannst.
Sie drängelt mit dem vielen „Ich will endlich mal. ...“
Das ist das Es, das Lustprinzip.

Der *strenge Richter* in Dir bedrängt Dich mit seinen Verboten,
Urteilen und moralischen Ansprüchen. Mit dem vielen
„Ich darf nicht, ich sollte eigentlich ...“
Das ist das Gewissen, das Über-Ich.

So ist Dein *Ich* von drei verschiedenen Seiten bedrängt,
von drei Kräften oder Mächten. Nur selten ist der Ich-Raum
frei von Bedrängungen, sodass Dein Ich mal in Ruhe durchatmen,
betrachten, überlegen und entscheiden kann.

Freud sieht das „arme Ich“ in einer sehr prekären Situation:

„...Aber andererseits sehen wir dasselbe Ich als armes Ding, welches unter dreierlei Dienstbarkeiten steht und demzufolge unter den Drohungen von dreierlei Gefahren leidet, von der Außenwelt her, von der Libido des Es und von der Strenge des Über-Ichs. Dreierlei Arten von Angst entsprechen diesen drei Gefahren, denn Angst ist der Ausdruck eines Rückzuges vor der Gefahr...“ (S. Freud: Das Ich und Das Es, Frankfurt 2005, S. 293)

Dem Freud`schen Bild vom bedrängten Ich liegt – unausgesprochen –
die Vision von einem Raum, einem Ich-Raum zugrunde,
der weniger bedrängt ist. Dieser Raum kann und soll
durch Psychotherapie freier, weiter und bewusster werden.
Das meint wohl Freud`s berühmter Ausspruch:
„Wo Es war, soll Ich werden.“ Und dieses Ich ist ein
mit dem Körper eng verbundenes Ich.
Dazu Freud:

„Das Ich ist vor allem ein körperliches....ein Körper-Ich.“
(S. Freud: Das Ich und das Es, S. 266 f.)

Sigmund Freud und Patanjali

Die beiden haben ein sehr ähnliches Bild vom Menschen:
Da ist ein Raum in uns, den wir,
gleichsam wie einen sicheren Zufluchtsort,
gegen vielerlei Bedrängungen verteidigen –
in einem ständigen inneren Ringen.
Neben dieser Gemeinsamkeit gibt es wesentliche,
zeitbedingte Unterschiede:

Freud beschreibt einen getriebenen, modernen
westlichen Menschen,
der in soziale und seelische Korsetts eingezwängt ist.
Sein Ich-Raum ist so bedrängt, bedrückt, eingeengt und überlastet,
dass er ihn – vor lauter Hindernissen und Widerständen –
fast nie als gedankenleeren, freien Raum wahrnehmen kann.
Sein Leidensdruck aber treibt ihn an, intuitiv nach so etwas

wie einem freien, spirituellen Raum in sich zu streben.
Freud bekannte, dass er persönlich solch ein
„ozeanisches Gefühl“ nicht kenne.
Wohl deshalb musste er die Aufgabe der Psychoanalyse
darauf beschränken,
ein Hindernis nach dem anderen beiseite zu räumen
und aufzulösen –
in der Hoffnung, dadurch das Ich zu stärken.
Das bedeutet indirekt natürlich auch, den inneren Raum zu weiten,
bis er irgendwann – oder auch nie – als frei erlebt wird.
Doch diese spirituelle Erfahrung liegt für Freud in weiter Ferne –
und wird von ihm nicht als Ziel thematisiert.
Diesen Mangel, das Fehlen einer Vision vom ganzen,
befreiten Menschen, kritisieren viele von Freud`s Nachfolgern.
Sie entwickeln seine begrenzte Ich-Lehre weiter –
hin zur Körpertherapie, Gruppentherapie,
transpersonalen/spirituellen Therapie und anderen.
Diesen erweiterten Konzepten schließe ich mich an –
vom Yoga inspiriert.

Patanjali beschreibt einen ganz anderen Menschen als Freud,
einen, der – vor 2000 Jahren am Rande der Zivilisation –
auf dem Yogaweg ist:
Er lebte vermutlich in freieren Lebensumständen,
ist weniger eingezwängt und weniger von Hindernissen bedrängt.
Er hat noch einen leichteren Zugang zur Gedankenstille.
Deshalb kann er seinen spirituell-therapeutischen Weg
mit dem inneren Freiraum beginnen und dann, von da aus,
therapeutisch, Schritt für Schritt,
Hindernisse auflösen und den Freiraum weiten.

Zwei Konzepte von Heilung, die sich ergänzen

So gibt es heute zwei grundverschiedene Konzepte von Heilung.
Doch in beiden geht es um das gleiche innere Ringen –
um den gleichen potentiellen Freiraum in uns.

Je nachdem, welchem der beiden Konzepte wir näherstehen,
nennen wir ihn das Selbst oder das Ich.
Beide haben unterschiedliche Aufgaben:
Das Ich brauchen wir lebensnotwendig in der Alltagswelt,
um sie zu bewältigen – um vernünftig zu unterscheiden
und zu entscheiden.
Das Selbst entsteht eher in einer Sonntagswelt –
und bereichert unser Leben.
Ich habe für meine Heilung beide Konzepte gebraucht
und beide durchlebt.
Beide zusammen haben bewirkt, dass sich in mir
der Freiraum etabliert hat.
Ich kann ihn nun als mein Ich oder als mein Selbst benennen.
Egal, wie ich ihn benenne, ich erlebe ihn
als ein und denselben Freiraum.
Insofern sind in meinem Erleben
das Ich und das Selbst das Gleiche.
In unserem psychotherapeutischen Yoga
sind beide Konzepte gleich wichtig.
Beide zusammen bilden die Grundlage unserer praktischen Arbeit.
Dabei bemühen wir uns zumeist, beide miteinander zu verbinden:

Das **therapeutische Konzept**: Ein Hindernis, ein Problem
mühsam, verbal und langwierig beiseite räumen
und auf der inneren Bühne gleichsam ein Eckchen frei räumen,
in dem das Ich dann mal wieder aufatmet.

Das **spirituelle Konzept:** Mit tranceartiger Bewegung und tiefem
Durchatmen gleich in den Freiraum einsteigen, und sich
von da aus, ich-gestärkt, in das Hindernis/Problem versenken,
um es mit mehr Abstand und
Einsicht leichter anzugehen und aufzulösen.

Auch Patanjali empfiehlt diese Verbindung:
Sich in ein Hindernis/Problem versenken
und auf diese Weise seinem Ursprung auf den Grund gehen:

**28. Diese Bedränger (*samskaras*) soll man
auf die gleiche Weise bewältigen
wie die lästigen Triebkräfte – kleshas.
Das wurde bereits erwähnt (in II/10,11).
(Sich in sie versenken und so
zu ihrem Ursprung zurückkehren.)**

Übung: Mit Patanjali den Seelenraum ordnen und freiräumen

In manchen unserer Yogagruppen präsentieren
wir die zentralen Themen des Yogasutra so,
dass unsere Leute sie sinnlich durchleben
und dadurch leichter verstehen und auch verinnerlichen können.
Solch ein Prozess kann einige Stunden dauern:

Wir bereiten uns beispielsweise mit langsamen, atembetonten,
tranceartigen Yoga-Bewegungen vor. Sie sind besonders geeignet,
die plappernden Gedanken zum Schweigen zu bringen –
und Momente der Stille zu erzeugen.

Danach sitzen wir im Kreis und schlängeln den Rumpf
im Atemrhythmus. Und machen kleine Übungen,
wie das Gähnen, die den Kopf frei fegen.
Wir vertiefen den Trancezustand –
und tauschen uns nonverbal darüber aus. Dabei helfen uns
viele bunte und weiße Tücher, die im Raum herumliegen:

Wer noch sehr mit Gedanken und Gefühlen – *vrittis* – beschäftigt
ist, macht das sichtbar – mit farblich passenden Tüchern.
Besonders beliebt sind Rot – für seelische Dynamik,
Schwarz – für trübe Zustände, und Bunt – für Gemischtes.

Wer den Kopf einigermaßen frei hat – *drashta, purusha*,
zeigt das mit einem weißen Tuch. Manche binden es um die Stirn,
andere hüllen den Kopf damit ein –
um die Gedankenstille zu vertiefen.

Damit sind die zwei gegensätzlichen Pole/Zustände markiert,

zwischen denen wir uns im Folgenden bewegen:
Alle zeigen, wie mit kleinen Fähnchen, wo sie sich
gerade befinden – im farbigen oder im weißen Zustand.
Und ob und wie sie allmählich zur Ruhe kommen.

So zeigen alle anschaulich, verspielt und auch lustig,
was sich in ihren Köpfen und Herzen gerade ereignet.
Manche zeigen, wie ihre Gedanken und Themen
verknotet, geballt und zählebig sind.
Andere zeigen ihre spezielle Methode, Gedanken zu vertreiben
und den Seelenraum für eine Weile freizuräumen.

Auch wenn er einigermaßen frei und still ist, so wird diese Stille
doch immer wieder gestört – durch unsere *Samskaras.* Sie wirken
meist in Form von diffuser Unruhe oder deutlichen Impulsen.

Auf diesen Programmen und Prägungen sitzen wir normalerweise
unser Leben lang. Das symbolisieren wir durch farbige Sitzkissen:
Manche sitzen auf einem roten Kissen –
als Zeichen für ihre drängende innere Dynamik.
Manche sitzen auf einem schwarzen Kissen – als Zeichen für das
Düstere, Leidvolle, das sie in sich tragen.
Einer sitzt auf einem blauen Kissen –
als Zeichen für seine Coolness.
Niemand sitzt auf einem weißen Kissen.
Das wäre Selbstüberschätzung.

Wir verstärken auch mal den Betrachter, indem wir
alle ein weißes Tuch um Kopf, Schultern und Rumpf schlingen.
Oder indem wir alle auf weißen Bettlaken sitzen.
Das hilft uns auf magische Weise, im weißen Zustand
des Betrachtens und Nur-Fühlens länger zu verweilen.

Zwischendurch erinnern wir auch
an eine von Patanjali`s Weisheiten:

> **„…Wenn sich unser Bewusstsein**
> **in einen Augenblick der Ruhe vertieft,**

dann entsteht daraus ein Prozess der Beruhigung" (III/9)

Manche drücken das bildhaft aus:
Wenn ich nur „einen Zipfel des weißen Lakens erhasche",
dann ist es leichter, mich ganz in das Weiße zu vertiefen.

Manche erkennen, was es bedeutet, im Gleichgewicht zu sein,
nämlich: Die innere Bühne ist weder ganz voll noch ganz leer,
weder nur bunt noch weiß, sondern „halbe-halbe"
und ausbalanciert.

Einigen helfen die präzisen Fachausdrücke des Patanjali,
das Geschehen in ihrem Bühnenraum zu sortieren und zu ordnen.
Und einige lernen, die verschiedenen Arten
und Dringlichkeiten von Gedanken zu unterscheiden:

- Belanglose, beiläufige und unergiebige Gedanken –
  zum Wegschieben
- Positive Gedanken, gute brauchbare Ideen –
  eventuell zum Verfolgen
- Emotional machtvolle Themen –
  zum baldigen Bearbeiten.

Diese Übungen und Rituale haben schon vielen geholfen,
die anspruchsvollen Ziele des Yogasutra von den scheinbar
unerreichbaren Höhen auf den (weißen) Teppich herunter zu holen,
so dass wir zumindest mal einen Geschmack von ihnen bekommen.
Das Erhabene wirkt nun weniger abgehoben
und ist uns eher zugänglich.

Schlusswort:

Es scheint also nötig, das Yogasutra im doppelten Sinn zu übersetzen:
Zunächst vom Sanskrit in ein verständliches Deutsch,
dann aber auch von der verbalen Sprache
in eine sinnlich erlebbare Bilder- und Symbolsprache.
Patanjali kann Dich über diese Symbole
durch Deine inneren Räume führen –

bis hin zum leeren Raum der Gedankenstille.
Er lässt Dir die Freiheit, was Du mit dem Freiraum machst.
Du kannst ihn leer lassen oder ihn ausgestalten –
ganz auf Deine Weise.
Du kannst ihn mit Deinen eigenen neuen Gedanken,
Bildern und Symbolen ausschmücken.
Du kannst ihn mit Musik, Tanz, Theater oder Ritualen
zum Schwingen bringen.
Du kannst ihn mit Worten und Gebeten füllen, die Dir guttun.
Du wirst Deinen eigenen spirituellen, religiösen
oder weltlichen Weg finden.
Und dieser Weg geht immer weiter. Er lohnt sich.

DIE FRÜCHTE AM ENDE DES WEGES

29. Wenn wir in der Versenkung
die innere Fülle erleben
und sie absichtslos wahrnehmen –
und uns der essentiellen Verschiedenheit – *viveka* **–**
in allen Lebenslagen bewusst sind,
dann erfahren wir friedvolle Stille und Klarheit – *samadhi*
auch die „Wolke der großen Ordnung" genannt.

30. Dadurch kommen die lästigen Triebkräfte – *kleshas* **–**
und die alten Erfahrungen – *karma* **–**
nicht mehr zur Wirkung.

31. Dann ist die Vernunft
von allen Verhüllungen und Trübungen befreit.
Sie wird unendlich weit,
und es gibt nur noch wenig Wesentliches
zu erkennen.

32. Dann haben die ständigen Wandlungen
der drei Energieformen – *gunas* **–**
ihren Zweck erfüllt.
Und der ganze Kreislauf
kommt zu einem Ende.

33. Das Verweilen im Augenblick
steht dem gesamten Kreislauf gegenüber.
Er ist erst überschaubar,
wenn seine ständigen Wandlungen
zum Ende kommen.

34. Die drei unterschiedlichen Energieformen – *gunas* –
kehren dann zurück
in ihren ursprünglichen Zustand – (reine Energie).
Sie haben keine Bedeutung mehr für den,
der (in reiner Energie)
das reine Einfach-Dasein – *purusha* – lebt.
Er hat sich von allem losgelöst – *kaivalya* –
und ist in seinem natürlichen Zustand gefestigt.
Anders gesagt:
Er ruht in der Kraft
seines klaren, bewussten Daseins.
So ist es.

Nachwort

Anne Frank, eine spirituelle Persönlichkeit:

Mit knapp 15 Jahren, am 15. Juli 1944,
notiert sie in ihr berühmtes Tagebuch:

*„Ich habe einen stark ausgeprägten Charakterzug,
der jedem, der mich länger kennt, auffallen muss,
und zwar meine Selbsterkenntnis.
Ich kann mich selbst bei allem, was ich tue, betrachten,
als ob ich eine Fremde wäre.
Überhaupt nicht voreingenommen
oder mit einem Sack voller Entschuldigungen
stehe ich dann der alltäglichen Anne gegenüber
und schaue zu, was diese gut oder schlecht macht.
Dieses `Selbstgefühl` lässt mich niemals los,
und bei jedem Wort, das ich ausspreche,
weiß ich sofort, wenn es ausgesprochen ist:
`Dies hätte anders sein müssen`
oder `Das ist ganz gut so, wie es ist`....“*

(aus: Emma, 3/2020)

Der Autor

Dr. A. Rahimo Täube, Jg. 1942, ist Yogalehrer, Körperpsychotherapeut und Indologe. In Frankfurt/Main studierte er acht Jahre Sanskrit und Kritische Gesellschaftswissenschaften. Im Geist der Kulturellen Wende seit 1968 übersetzte er das Yogasutra und die Bhagavadgita aus dem Sanskrit neu – in ein ansprechendes Deutsch. Er promovierte über Yoga: „Innere Erfahrung und Gesellschaft".

Zusammen mit Brigid, seiner Frau, betreibt er ein kleines Yoga- und Therapiezentrum – abgeschieden im Wald in Nordhessen. Inspiriert von den seelischen Nöten ihrer Schüler*innen entwickelten sie einen lebendigen und kreativen psychotherapeutischen Yoga. Dieses innovative Konzept beschreiben sie in ihrem Buch „Drachenyoga" und in einer Artikelserie im Deutschen Yoga-Forum des BDY.

R. Täube`s tiefgreifende therapeutische und spirituelle Erfahrungen ermöglichten es ihm, das Yogasutra noch einmal ganz neu zu durchdringen. Und seine – bisher zumeist übergangenen – hochaktuellen tiefenpsychologischen Inhalte herauszuarbeiten und im vorliegenden Buch leserfreundlich zu präsentieren.

Näheres: www.blicki.de
brigrah.taeube@gmx.de